最為華興棒球校友感恩、懷念的 蔣夫人。

方水泉教練（坐者）永讓華興人懷念，左為葉志仙，右為黃武雄。

方教練訓練球員有一套，選教練更有一手（左起：杜勝三、方水泉、朱承杰、陳秀雄、葉國輝、陳錦志）。

投球姿勢自創一格的陳秀雄教練，在華興教出無數出色投手。

1973 年杜勝三教練（後排右四）參與帶領華興中學青少棒隊參加第十三屆蓋瑞城青少棒球賽，榮獲冠軍，二度衛冕成功。陣中都是名將。

方水泉（左）與曾紀恩為台灣棒球各寫下輝煌。

1977 年華興再奪世界青少棒之冠，謝長亨嶄露頭角。（看得出他在哪裡嗎？）

1986 年華興青少棒再奪世界之冠，王傳家已在其中。

黃甦隆與呂明賜在 1980 年代就讀華興。（認得出他們的羞澀青年嗎？）

林華韋在華興時期分別在民國 62 年青少棒、64 年及 65 年青棒隊等三次入選國家代表隊，三次都獲得冠軍凱歸。

陳弘丕是最早的台灣棒球代言人。

REPUBLIC
OF
CHINA

LOTTE
LOTTE
27
宅宗源
27
■1m85cm 90kg
■昭和33年12月1日生
■昭和56年度成績
17試合 1勝1敗1S
ランクB守備ランクB

27

59年度
GIANTS
GIANTS
10
三宅 宗源
10
■左投左打
■1m85cm 85kg
■昭和33年12月1日
■昭和58年度成績
14試合 0勝4敗0S
防御率9.00
投手ランク 守備ランク

右圖：郭源治在日本職棒中日龍隊留下百勝百救援光輝紀錄。
左圖：李宗源被譽為 18 年來罕見的左投，1975 年日本職棒羅德隊球探三宅育成來台，特別點名李宗源。

1973 年葉國輝是第十三屆蓋瑞城青少棒賽中華青少棒代表隊教練。

劉秋農（圖右），華興棒球第一屆，是國內極少數「潛水艇」式投法之一的名投手，他的父親也是日據時代「KANO」的投手。

第二次參加遠東區及世界少棒的七虎隊全體隊員。

跟日本人打棒球，感受到的不只是球技，而是日本人每個細節都做得很認真，每一顆球都很慎重。（賽前）

曾經的華興練球場，已成回憶。

華興棒球校友會。

華興棒球50年

棒球人的珍貴故事

•

華興棒球校友會——著

目錄

代序

追思感恩蔣夫人

■ 林華韋

蔣夫人對中國現代史的影響與貢獻，諸如對國際外交、婦女運動、社會公益與教育的關注等等，我想相關領域的專家、學者早有定論。華韋身為華興人、棒球人，也是教育工作者，就從我較熟悉的範圍——有關華興、棒球與教育，娓娓道來個人的回憶和感想，希望足以表達對蔣夫人的感恩之情。

如同蔣夫人曾說過的：「聖經有兩句話，給我的印象比什麼都深刻。一句是『願主的意志實行』，還有一句是『汝須盡心盡力盡意愛主——汝之上帝』」，所以蔣夫人對我們的愛，就如同是主的恩澤。

民國四十四年二月為照顧大陳島軍民遺孤，夫人創辦了育幼院，最早叫「光華育兒院」，隔年才改名為華興育幼院及華興小學；民國四十七年，夫人體念院童由國小畢業後升學困難，接續創辦華興中學初中部與高中部。基於相同的理念，民國五十八年金龍少棒隊在美國威廉波特，首度為我國奪得第一次世界少棒冠軍。回國後，各界人士都為小球員下階段的成長和教育擔憂，且球員的家庭大都非富裕人家，有的甚至連再升學都有困難，卻苦無學校願接手，蔣夫人知道了，便讓金龍少棒隊全體球員保送入華興中學就讀。

誠如聖經所言：「我們不至消滅，是出於耶和華諸般的慈愛，是因他的憐憫，不至斷絕」，此與「人不獨親其親，不獨子其子，使老有所終，壯有所用，幼有所長，鰥寡孤獨廢疾者皆有所養」的儒家精神相符。我想，誰都不會否認，這是華興建校的初衷。也才能有校歌所唱頌的：「在日月光輝下，院是溫暖的家；在春風化雨中，開放智慧的花」，這是多麼讓

蔣夫人永遠親切接待華興棒球隊並加以勉勵。

人嚮往的境界。

不講那麼嚴肅的話，在親切的體會上，她視每位華興人如己出，曾對華興人說：「我雖然沒有生育，但卻有數百位子女」。

我是七虎少棒隊員，雖沒拿到世界少棒冠軍，但不久也援引金龍隊的前例。成爲華興大家庭的一份子。此後巨人少棒、台北市少棒隊也都陸續進了華興，小國手們雖非國軍戰士子女，但以當時國家處境及社會民心，小國手的貢獻是有功於國家的。但我更願意把它視爲，蔣夫人對弱勢與無依子女的扶助，更是對棒球界的特殊貢獻，因此才有往後華興對棒球運動發展、人才培育的深遠影響。

記得初三時，要代表國家出賽，夫人曾在官邸爲我們餞行同時教導我們西餐禮儀。第二個例子，民國六十年歡迎台南巨人隊到華興就讀，蔣夫人細心地把餐桌上的玫瑰花，一朵一朵的送給每一位小國手，要他們把美麗的鮮花，獻給自己的母親，表示不忘父母養育之恩，使在座的家長感動得說不出話來。如要細數蔣夫人對華興棒球隊的支持與愛護，三天三夜也難以盡訴；而關於華興棒球隊、華興棒球人的成就，或者說對我國棒球運動的貢獻，我自己身為棒球人知之甚詳，諸如華興是棒球的搖籃、華興是台灣棒球傳統名校等等，在座學長先進也不陌生，棒球是華興鮮明的血型之一。當我們追憶蔣夫人恩澤的此刻，華興棒球傳統的價值非常明顯，若能問問

蔣夫人永遠親切接待華興棒球隊並加以勉勵。

天堂的夫人之靈，答案是可想而知的。華韋身爲教育工作者，這個答案最重要的，不只是棒球，而是從昔日蔣夫人對華興棒球隊的深愛，理性地觀察，顯露的是教育本質而非冠軍。蔣夫人當年說，許多美國友人寫信告訴她，美國報章讚譽中華隊。原因是：第一謙虛有禮，第二團結合作，第三有良好的運動員風度，人人有君子之風。

記得，民國六十二年華興勇奪世界青少棒賽冠軍，也是剛剛我提到夫人教導我們西餐禮儀的那一年，領隊江學珠校長說，夫人叮嚀我們：打球不在乎輸贏，自己的人格、道德和風度才是重要的。可見蔣夫人在意的不是錦標，而是教育！這才是我們不可忘記的。

今天在此回憶夫人對華興的點點滴滴，都令華韋我如入時光隧道，感憶至深且如沐春風。同時也盼望學弟學妹們，也有機會體會到蔣夫人的恩澤，這就必須依靠我們這一代教育工作的傳承，能否把蔣夫人對教育本質的重視與實踐，細心踏實地持續發揚不輟？在功利主義狂吹的世風下，華興蛻變勢所難免，但不能忘了扶弱濟貧及人格教育的建校本懷。聖經說「施比受更有福」，蔣夫人是榜樣，也是今日追思的最大感觸，望華興人莫忘斯人莫忘斯恩。

（以上爲在蔣宋美齡夫人追思禮拜的講詞）

大事記

華興中學棒球隊大事記——淚水與打拚化成的榮耀

58・9・4　本校奉夫人之命收容教養金龍少棒隊全體隊員入學就讀。

61・6・23　夫人召見高三畢業生及棒球隊學生，並參加畢業餐會。

61・9・7　夫人召見台北市少棒隊、美和青少棒隊及國泰女籃隊嘉勉其爲國增光，並以茶點招待全體隊職員。

62・7・27　夫人獎勵本校青少年棒球隊獲全國冠軍賜宴於士林官邸。

62・8・29　校長江學珠率本校棒球隊赴美國參加世界大賽，榮獲冠軍，凱旋歸國。

62・9・6　夫人在陽明山中山樓接見棒球隊全體隊職員。

64·8·7 邵夢蘭校長率本校青棒隊以中華青棒代表資格前往美國參加世界青棒錦標賽，於八月十七日獲冠軍衛冕成功。

64·8·28 邵夢蘭校長率青棒國家代表載譽歸國，蔣院長經國先生親臨松山機場迎接並嘉勉。

67·10·21 中華青棒代表隊由本校獲得冠軍入選，朱承杰擔任領隊，前往委內瑞拉參加世界業餘大賽獲第四名獎。（註：朱承杰時任華興中學人事部主任）

72·1· 本校棒球隊校友會成立本校棒球隊，由第一代金龍少棒隊隊長陳弘丕獲選爲第一任會長。

72·7·3 中華青棒代表林建業領隊前往美國賓州參加世界青棒第二屆錦標大賽，榮獲冠軍。

73·7·13 中華青棒代表隊由游建忠領隊前往加拿大參加世界青棒第三屆錦標賽，榮獲亞軍。

75・8・4 ● 談太僑校長親領本校青少棒隊前往美國佛羅里達州參加世界青少棒大賽，榮獲世界冠軍。

76・7・4 ● 中華青棒代表隊由本校林建業率往塞班島參加遠東區代表權選拔賽，旋於八月五日赴美衛冕成功，榮獲世界冠軍。

76・8・4 ● 本校青少年棒球隊由游建忠領隊率往日本參加友誼邀請賽。

77・1・5 ● 夫人蒞校巡視，並召集師生訓話，且特別召見在校服務校友、棒球隊優秀隊員學生及品學兼優者及泰北難童，全校師生極為感奮。

77・12・9 ● 本校青棒代表隊赴加拿大參加第八屆IBA世界青棒錦標賽，榮獲季軍。

78・8・10 ● 本校青棒代表隊赴加拿大參加第九屆IBA世界青棒錦標賽，獲第四名。

78・12・ ● 華興棒球隊成立廿週年，慶祝茶會於雷歡好紀念堂舉行。

80・2・ ● 旅日棒球名人王貞治蒞校指導棒球隊訓練。

82．4．華興青少棒獲全國冠軍，八月由馬才寶率往美國參加第三十三屆世界青少棒賽，獲亞軍。

82．8．13 本校青棒代表隊由林衍成率領前往加拿大參加第十三屆IBA世界青棒錦標賽，獲季軍。

83．1．本校棒球隊校友會為本校棒球隊成立廿五週年舉行慶祝大會。

84．4．17 本校青少棒參加八十四年全國青少棒錦標賽，榮獲全國冠軍，代表我國參加一九九五年第三十五屆LLB世界青少棒錦標賽，榮獲世界冠軍。

87．8．華興青少棒赴日比賽，青棒赴韓比賽。

89．10．28 本校棒球隊總教練方水泉逝世。

90．11．21 本校青棒隊參加高中棒球聯賽，榮獲全國第五名。

91．1．棒球校友會於本校禮堂召開第三十三屆年會。

91．12．青棒隊獲得高中聯賽第四名。

92・1・3 ● 本校青棒隊榮獲金龍旗高中棒球錦標賽亞軍。

93・6・ ● 本院青棒隊院生自民國九十三年八月起轉爲中學體育班運動績優公費生。

94・12・ ● 舉行青棒聯賽：華興與美和傳統棒球名校薪傳爭霸戰。

96・5・ ● 整修棒球場看台一樓爲外語教學中心教室。（棒球隊亦告解散）

華興棒球隊萌芽與茁壯——
需要諸位同學再接再厲

林建業／華興第九任校長

民國五十八年夏，台中金龍少棒隊代表中華民國參加美國威廉波特世界少棒錦標賽，奇蹟地所向無敵，榮獲冠軍。

全國同胞欣喜若狂之餘，有心人士及家長爲使小國手不致分散各地，荒廢球技殊爲可惜，乃向本校董事長蔣夫人請求收容全隊隊員入學華興。

本校秉持夫人：「球要打得好，書也要讀得好」及「注重運動道德與運動精神之培養」的訓示，師生奉爲圭臬，共同推行，時光荏苒，倏將廿六年矣。

在歷任校長、主任、教職同仁、教練們熱心支持與嚴格配合下，本校由最初隊員十四人至今七十二人，由青少棒而青棒。在學期間課業之教導、球技之磨練、品德之薰陶、人格之培養、爲人處事之要求，以及起居生活、膳食營養、健康衛生、心理建設、球具供應、硬體設施等等，同仁所付心血極多。諸生勤勉向學、鬥志高昂，誠所謂德術兼修、手腦並用，於球技南征北討，愈戰愈勇，曾多次代表國家，遠戰美加，迭創佳績；於學業保送或投考大專，獲得繼續深造，成就斐然；於就業、創業則自立自強，開創個人事業新頁，卓然有成。

近年更有不少校友投身職棒、成棒行列，不論在國內外，輒放異彩。早期畢業校友於公餘獻身義務推廣棒球播種及扎根工作，不遺餘力，以上各點每獲其師長、長官、同僚之器重與讚許，在校師生與有榮焉！

茲值華興棒球隊創立五十週年，球隊校友有感於夫人當年之倡導、關懷與培養，始有今日棒運之花果，建業深深期盼諸位同學再接再厲，發揚光大華興精神。

｜第一代金龍隊拜會美軍顧問團致謝，對幫助者永懷感恩。

華興棒球隊創立五十週年，深深期盼諸位同學再接再厲，發揚光大華興精神。

方水泉總是叨唸與協助——讓我們永記學業的重要

葉志仙

方水泉教練生於民國十九年，十七歲從台南安順公學高等科畢業後，在三崁店糖場工作，並加入所屬的三崁店糖場棒球隊擔任投手，從此開始了長達五十幾年的棒球生涯。

方教練在民國四十年服役時參加了第六屆省運棒球賽，因爲在比賽中表現優異，被合作金庫棒球隊網羅，民國四十二年後正式加入了合作金庫棒球隊。民國五十八年時，受當時的棒球協會委託訓練，並加強金龍少棒隊，成爲金龍隊拿下我國首度的世界少棒賽冠軍的推手；同年，華興中學聘請方教練在合庫下班後到華興中學棒球隊擔任總教練。

「英俊挺拔，溫文儒雅，言行舉止間流露出紳士般的氣質」，這是我對恩師方教練的第一印象。民國五十八年，因金龍隊學長蔡松輝的關係，方教練應邀造訪台南玉井國小，客座指導六年級學長球技，當時年僅小學五年級的我，偷偷地跑去旁聽偷學。聽校長介紹說：「方教練年輕時是位很優秀的投手，現在是有名的教練……。」第一次目睹名教練風采，目光被牢牢的吸引住，心裡想著原來優秀的棒球選手及名教練也能像方教練這般的氣宇非凡、斯文一派，絲毫看不出運動員粗獷的樣子。民國六十年，參加威廉波特世界少棒賽回來的第一代巨人少棒隊，應鄉親要求，多數留在台南就讀國中。因緣際會，國三時獲准轉學到台北的華興中學，正式投入方教練門下，成爲他眾多學子中的一員，從此結下了永生難忘的師徒情緣，也深深地影響了我往後選手生涯的運動表現與教練的領導風格。

四年華興生活，正值青春叛逆期，總覺得方教練很嘮叨、很愛唸，嘮叨我們練球不認眞、唸我們上課不用功。在他嘮叨、碎碎唸的攻勢之下，使得我們多數人在辛勞的訓練之餘，沒有忘記學業的重要，勉強跟得上其他同學。認識方教練多年，印象中從沒聽過他重話指責學生，更不會用說罵髒話，在那個年代有些教練罵球員，經常把祖宗十八代都請出來。方教練生氣到極點時，頂多是氣得說不出話來而已。

由於曾受過運動傷害的切身之痛，使得他很重視選手的防護與安全。高中打擊訓練時，我曾拉傷了右肩膀，久未痊癒，急得他四處尋訪名醫與偏方。接連看過西醫

方教練告別式，華興棒球隊同表哀泣。

｜方教練（右下角）教球注重每一個細節。

的運動傷害與復健科，最後打聽到台北溫州街有一中醫偏方，一週只看診兩天；每逢看診日，練完球方教練馬上帶著我直奔中醫敷草藥，就這樣奔波了幾週肩傷終於復原。但也因爲趕著看中醫無法在學校餐廳用餐，只好跟方教練回家，才有機會享受到方師母的廚藝。

方教練對學生的前途出路甚爲關心。擔心想繼續升學唸書的學生沒學校唸，想就業的學生找不到工作，尤其特別關心未獲得保送升學資格的球員。華興畢業時，他用心良苦的安排，將我的戶籍寄放在士林朋友家，爲的是要幫學弟們打一年一度的台灣區運動會棒球賽，以爭取大學的甄試保送資格。大學四年中，爲配合學弟們的練球，有機會經常回母校看望師長、教練，因而有機會跟黃武雄、陳大豐、呂明賜等較年輕的學弟同場競技。及至我到學校工作，方教練亦常常推薦優秀的學弟給我，更常常透過關係暗中幫畢業校友安排工作。他爲學生所做的這些事情，相信有很多受惠的學生尚不知情。

民國八十七年時，方教練從華興中學退休。到了民國八十九年十月二十八日，因爲肝癌病逝於台大醫院，享壽七十一歲。

二〇一五年底，方教練獲選進入第三屆棒球名人堂。

附註：

華興歷任的教練計有：方水泉、杜勝三、陳秀雄、葉國輝、蔡榮宗、許永金、蔡景峰、涂永樑、陳炫琦、涂忠男、林光宏、戴漢昭、黃輝榮、周德賢、李杜宏、陳炳男、吳柏勳、吳玠男、江柏青、張宗傑等。

而影響球員生活規範、品德行爲至深的「管理」教師包括了：詹德基、楊熾榮、葉國輝、毛振明、陳錦志等。

華興永遠的方水泉總教練。

抗日英雄陳秀雄進華興——
精準控球造就無數名投

吳清和

在「棒球紳士」方水泉的介紹下，非常有個性的名投手陳秀雄在一九七二年加入華興棒球隊擔任教練，一直到一九八六年。

生於一九四三年十月二十日的陳秀雄，台北市人，右投、右打，畢業於當時棒球傳統名校開南商工，他那怪異的低肩下勾球，手指頭由下往上一勾，球就往上飄；手指頭往下一彎，球到本壘板便往下墜。加上陳秀雄控球精準，讓打者常常揮空棒，是球隊獲勝的法寶。也因此陳秀雄高中一畢業，便被當時的台灣電力（即台電）棒球隊吸收；服役時加入陸軍棒球隊，退伍後被合作金庫延攬，並加入合作金庫棒球隊。

陳秀雄在合作金庫棒球隊期間，從一九六七年起，連續獲選兩年一屆的亞洲盃棒球錦標賽、從第七屆到第十屆（一九六七、一九六九、一九七一、一九七三年）共四屆，以及一九七二年的第二十屆世界盃棒球錦標賽、一九七三年的第一屆洲際盃國手。其中一九七二年第二十屆世界盃棒球錦標賽十一月十九日的中日之戰，最讓陳秀雄記憶深刻，中華隊以一比〇贏了日本隊，獲得完封勝的陳秀雄，讓當時發展職棒已經二十二年的

陳秀雄（右）與方水泉兩位教練為華興棒球員奠下優厚基礎。

日本職棒球探驚爲天人，比賽剛結束，日本職棒隊西鐵獅隊（現爲埼玉西武獅隊）表示願意吸收當時二十九歲的陳秀雄加盟，並且開出簽約金新台幣九十萬元。

日本職棒西鐵獅大肆對外宣布，說陳秀雄「控球精準，下勾球路詭異，西鐵獅隊非常需要這種人才。」這一對外發布，萬萬沒想到引起當時的中華民國體育協進會（即現在體總）理事長楊森的不滿。

在陳秀雄被當時的台灣媒體捧爲「抗日英雄」的五十二天前，也就是一九七二年九月二十九日，日本政府與中華人民共和國政府聯合發表聲明建交，同時與中華民國斷交。楊森當年是對日抗戰時期的國民革命軍將領，川軍高級將領。一九七二年身兼總統府國策顧問、中華民國體育協進會理事長與中華民國奧林匹克委員會主席，當然對日本非常不滿，被譽爲「抗日英雄」的陳秀雄如果眞加盟日本職棒，身爲當時全國體育界的最高領導者，當然不希望陳秀雄到日本打職棒。

一九七二年十二月中旬，搭機回到台灣的中華成棒隊，楊森親自到機場接機，據陳秀雄回憶，楊森面對中華隊時，問了一下「陳秀雄在哪裡？」確定誰是陳秀雄後，楊森握了握陳秀雄的手，很嚴肅的向陳秀雄說：「你不會到日本打西鐵獅隊噢！」

這句話頓時讓陳秀雄陷入天人交戰，結果，陳秀雄還是斷了短暫的日本職棒夢。天生樂觀個性的陳秀雄，事後對於少了新台幣九十萬元的簽約金，幽默的說：「沒什麼，只不過少買羅斯福路二段一棟三十五坪的房子而已。」

隔年九月八日打完第一屆洲際盃棒球賽，陳秀雄宣布退休，投入教練行列。

在「棒球紳士」方水泉的介紹下，非常有個性的名投手陳秀雄在一九七二年加入華興棒球隊擔任教練，一直到一九八六年。總共訓練了至少有：郭源治、李宗源、蔡榮宗、黃武雄、劉秋農、黃清輝、謝長亨、曹俊彥、塗永樑、蔡明宏等數十位日後的名投手。

不吸菸、不吃檳榔的陳秀雄在一九九八年發現罹患口腔癌，治療無效，同年九月二十二日病逝，享年五十五歲。

陳秀雄教練於二〇一九年一月十九日入選第六屆台灣棒球名人堂終身奉獻獎。

杜勝三教練足智又多謀——
談吐風趣教球內容豐富

吳清和

生於民國三十一年十一月的杜勝三教練，在高中時代是台南南英商工的主力投手兼二壘手，先後打過海軍、華南銀行、台電等棒球隊，之後進入合庫棒球隊後，在方水泉教練的引薦下進入華興中學棒球隊擔任教練。

在民國五十六年以二壘手入選中華代表隊，那年的主力投手之一陳秀雄，日後與杜教練一起執教華興棒球隊。

杜教練身高只有一六六公分、六十二公斤，看似弱不禁風，但從民國五十六年至六十二年，都入選中華隊。

杜教練剛進華興當教練時，很多學生棒球選手已經比杜教練高且魁梧，看似瘦弱的杜教練，憑什麼到華興教「打擊」兼「投手」？

但一打聽，溫文爾雅、談吐風趣又幽默的杜教練居然曾經是民國五十二、五十四及五十八年的打擊王；五十四、五十五年分獲打擊獎第二名；五十五年打擊第三名；外加兩次賽事的功勞獎。

選手時代鋒芒畢露，民國六十一年起，杜教練所屬的合庫棒球隊提升他爲球隊

溫文爾雅、談吐風趣又幽默的杜勝三教練居然曾經是民國52年、54及58年的打擊王。

教練。但他還是抽空到陽明山華興中學協助方水泉教練訓練華興隊。

民國六十三年前後，杜教練既是合庫教練團的正式成員，同時也是華興中學掛牌的棒球教練。

杜教練在民國七十三年在方教練領軍下，帶領中華青棒隊參加在加拿大肯得斯萊舉辦的「U-18世界盃棒球賽」（原名「IBAF世界青棒錦標賽」），一舉奪

身材不比選手高大的杜勝三教練，關懷選手排第一。（左起：杜勝三、王清欉、方水泉）

得第三名。十八名選手中，投手戴漢昭、黃輝榮，內野手蕭文銘、黃世明以及外野手陳威成都是華興的選手。

日後，杜教練在合庫隊日漸受到重用，重心較多放在合庫隊，但對華興校友球員的一舉一動仍隨時關心，有需要時，每次都是第一個出手相助，常常都是最大筆捐助。

開啟國人精神投入棒球——華興棒球隊個個念師恩

謝靜雯

華興棒球隊史從一九六九年華興青少棒隊成立，一九七二年青棒隊成立，直到二〇〇三年、二〇〇七年青少棒、青棒隊先後解散，華興棒球傳奇走過三十八年，「棒球紳士」方水泉參與了將近二十三年，「北華興、南美和」年代，也被戲稱爲「北方水泉、南曾紀恩」時期。

一九六九年金龍少棒隊拿下世界冠軍，在蔣宋美齡女士協助下，球員進入華興中學國中部就讀，華興青少棒隊成立，蔣宋美齡當時勉勵球員，不僅要在球技上顯示手腦靈活的智能，更重要的是勝而不驕，回到學校，虛心學習，「將來一定能夠成爲一個堂堂正正的中國人，來貢獻國家。」

合庫時期的方水泉教練，棒球大老簡永昌（左）照顧有加。

當年方水泉身著白襯衫、深色西裝褲，左手提著公事包、下雨天手邊總拿著把黑雨傘，像名英國紳士般踏入華興棒球場，這名「棒球紳士」奠定了華興棒球隊不同於其他球隊基調與風格，重視儀表，球技之餘，更重視球員的課業，不僅要教出優秀球員，更希望能培養出「不論走到哪裡都抬得起頭的人」。

方水泉的兒子方怡仁，回憶父親時曾提到，以前常常聽到方水泉勉勵球員要好好唸書，當時他心裡想著：「這樣你們比賽會贏嗎」，但後來終於理解，對方水泉而言，球員未來的前途，遠勝過於比賽場上的勝負。

華興棒球隊解散至今已超過十年，但不少人仍然以教練、老師、棒球界相關人士、球員的身分繼續在棒球圈活躍，包括中華民國棒球協會副理事長林華韋、輔仁大學棒球隊總教練葉志仙、興富發成棒隊總教練呂明賜、中信兄弟教練丘昌榮，以及現役中職球員林柏佑等人。華興的球員談吐與儀表大多突出，奠基於學生時期的陶養。

旅日名將郭源治回憶華興中學時期生活，進入華興就讀，「先是身爲學生，才是球員」，棒球隊球員與一般生沒有什麼不同，跟著一般生一起上課、按時繳交作業，下午三點半放學開始練球，練球時間約兩小時，用過晚餐後，會在宿舍看書兩小時，學校的方針是不讓球員練球練到讀不下書。

至於方水泉教練的訓練，方水泉不怒而威，訓練球員不動輒打罵，卻十分嚴謹，方水泉是投手出身，也受過傷勢所苦，對球員訓練著重基本功，但更重視保護球員，不願因短期目的而斷送球員生涯，讓郭源治十分感念。

在郭源治的回憶中，提到中學時期因爲課餘打籃球太激烈、傷到膝蓋，因爲不敢實話實說，忍痛繼續練球，方水泉發現後立即帶他去醫院治療，當醫生評估需要開刀，方教練馬上同意，後來因爲手肘受傷，方教練讓他暫時擔任游擊手、外野手，耐心等待復原。「多虧方教練這種不執著眼前結果的指導，我才不致受到致命性的傷害，能在華興踏實的培養出實力」。

郭源治直言：「我覺得自己能在華興中學受教育相當幸福，如果只是給我打棒球的環境，我想我的人生大概除了棒球之外沒有其它，或許在高中畢業前便搞壞手肘與肩，無法成爲一名職棒投手。」郭源治是方水泉第一批帶出的華興學生，郭源治透露，在旅日時期常常帶著五、六本書參加集訓，利用就寢前的時間看書，「這個自我吸收知識的習慣，也是在華興唸書時期養成。」

方水泉的個人球員生涯並不長，一九五一年代表台南縣參加第六屆省運棒球賽，因爲投球表現優異被合作金庫成棒隊網羅，一九五一年至一九五六年是方水泉投手生涯的黃金時期，一九五六年練球時，因爲一顆隊友意外的觸身球擊中頭部，送醫急救，昏迷了一個多星期，住院長達三個月，結束球員生涯，走向執教生涯。

方水泉一九六九年從華興棒球隊創隊開始，替華興棒球隊塑形、奠基，一九七二年時曾有美國哥倫比亞廣播電視公司記者到台灣採訪，當時中華少棒聯盟理事

華興 1973 年奪世界之冠，珍貴照片雖已模糊，細看仍知名教練名選手。

長謝國城帶著美國記者認識這支位於陽明山上的傳奇球隊，美國記者對於華興的環境、教練條理分明，重科學化訓練十分讚嘆。

方水泉一九八四年辭去華興教練一職，一九九〇年再重返華興，直到一九九八年因爲發現肝腫瘤辭去華興教職，當年十月，華興校友會替方水泉在新莊棒球場舉行棒球退休儀式，方水泉任教華興期間，曾帶領球隊在一九七三年、一九七七年拿下世界青少棒賽冠軍，一九七五年拿下世界青棒賽冠軍。

兒子方怡仁回憶退休儀式，看到父親方水泉從投手丘上投出別具意義的一球，「把責任交給了後輩，但對棒球的熱愛，留給了自己，他曾告訴我，棒球就是他的生命。」方水泉二〇〇〇年十月二十八日逝世，享年七十歲。

華興棒球傳奇走過三十八年，除了方水泉外，也有不少教練先後執教，包括李杜宏、蔡榮宗、葉國輝、陳炫琦等人。但基本上多是延續方水泉早期訂下的訓練模式，對於球員課業要求十分的重視。

葉國輝執教時期，球隊外出比賽球員都要在車上看書，但往往比賽成績都不理想，被戲稱因爲都在「看書」，所以才會一直「輸」，也成爲一段趣聞。

在方水泉過世後的追悼會上，方水泉的子弟兵分享了不少對於老教頭的感念，華興第二屆棒球隊校友林華韋就曾表示，「方水泉教練是永遠的恩師，他教給大家的不只是棒球，還有做人的道理。」第三屆校友葉志仙也提到，「教練把學生當做自己的小孩，球打不好沒有關係，但一定要懂得處世的道理，就算以後不打球，也要在自己的領域中闖出一片天地。」

華興校友謝長亨談起印象中的方教練，「教練比較不打罵球員，特別注重投手的訓練，以往都搭公車上陽明山教球員，是十分有毅力的教練，球員很容易受到他的感染。」黃煚隆則提到，方教練特別注重球員的身體健康，也鼓勵大家多讀書，建議球員繼續升學，「許多球員會選擇唸大學，大都跟他的鼓勵有關係，大家都非常的懷念這位恩師。」

方水泉安息禮拜上，約三分之一的華興校友都出席，郭源治忍不住痛哭，提到方水泉曾表示最感謝合庫及華興兩個單位給他打球及教球的環境，郭源治則說：「我也感謝這兩個單位，是合庫給我一位優秀教練，華興給我環境與他相聚，才讓我有資格到日本打球。」

華興棒球隊解散後，不少家長和校友都期盼能看到「華興再起」。二〇〇七年華興青棒隊解散時曾預告不會是永遠告別，但是重組還看不到時程，二〇一六年由家長發起以社團形式組成少棒隊，也在二〇一八年台北市學生棒球聯賽少棒乙組賽事再度穿上「華興」球衣亮相。

協助華興少棒隊訓練的校友、輔仁大學棒球隊教練周德賢表示，看到藍字白底的「華興」球衣再出現在球場上很感動，華興少棒隊球衣的左手臂上，繡著「華興總教練方水泉」，就是希望這名華興棒球隊代表性教頭，可以給球員們力量和鼓勵。

方水泉教練為華興、更為台灣訓練了無數棒球人才。

北華興南美和球風不同——

攜手共創台灣棒球風潮

婁靖平、謝靜雯

「北華興、南美和」在一九七〇年代成爲南北兩中學棒球強權，華興校友、現任台灣體育運動大學校長林華韋直言：「這兩所學校那個年代撐起台灣中學棒球。」但華興走出不同的路。

這群在陽明山中苦練的球員，回憶起學生時期，有方水泉教練立下的日式嚴厲訓練風格，更難忘的是華興對於課業要求的高標準。

華興第一屆校友，也是台灣首位三級棒球國手考上台大的孫金鼎，回憶過往時曾提到，華興、美和對立的年代，華興先天條件其實不如美和，華興所在的陽明山時常陰雨，不如美和在屏東，好天氣的時間較多，華興組隊早期沒有球場，訓練條件不如人，更重要的是，華興球員必須兼顧課業，壓力不小。

華興對於課業的要求，當時對於球員來說是一大挑戰，但許多校友事後回想起來，都認爲因爲華興堅持對球員課業的要求，才讓華興畢業的球員「路走的比別人更長」。

華興校友、現任陽明高中棒球隊總教練李杜宏，不僅是華興的球員，也曾在二〇〇〇年底以教練身分回到華興教球，他用

1970 年嘉義市七虎少棒隊隊員：吳瑞雄、李宗洲、林華韋、邱崑鉉、侯德正、許永金、許金木、郭俊林、陳富嶺、黃永祥、黃志雄、楊福興、盧瑞圖、蘇豐原，日後都成大器。

「軍事化訓練」來形容印象中的華興生活。

李杜宏表示，方水泉教練教球，主要沿襲日本式的訓練精神，「以團隊爲重，一個口令、一個動作，算是非常嚴格的教練」，他也笑說，很多方水泉教練帶出來的學生，卸下球員身分後到基層教球，多少也會受到方水泉的影響。

練球的本身嚴格，練球之外的校園生活也不馬虎，李杜宏表示，球員每天行程都被排得很滿，早上五點三十分起床，六點開始晨操到七點，有時候需要進班上早自習，如果訓練時間比較長就省略，簡單的盥洗後吃早餐，接著換裝、升旗，跟著一般生一起上課。

到了下午兩點左右，會有約十五分鐘換裝時間，馬上又到球場練習，練完球後，一般生已經吃完晚餐，學校廚工有時間性，球隊球員只能匆匆吃完晚餐，才又盥洗，回到班上晚自習，晚自習要背英文、國文，每班還會抽學生背書，背不出來隔天要找時間補背，這樣的壓力在學生時期不斷循環。

李杜宏直言，學生時期雖然覺得苦，但是很感念華興，給球員這樣的環境，才能培養出這麼多傑出的棒球前輩，現在自己在基層教球，也很希望學校願意給這樣的環境，高中球員到底有幾個未來可以眞的進到職棒，常常要到大學才能完整評估，學生時期不荒廢課業，「對小孩來說，路才會走的比較長，就算沒有打球，進到社會也不至於跟別人差太遠」。

李杜宏也分享華興時期難忘的回憶，他笑說當時葉國輝老師負責生活管理，當時他剛從軍隊退伍，把軍中的那套嚴格管理帶到球隊，要求服從，當時規定不能說台語，說一句要罰十塊錢，葉老師會躲在窗戶外面，偷偷記錄誰講了台語。

球員犯錯被處理，葉國輝甚至會要求球員晚上九點多，穿著內褲在校園青蛙跳，到現在還讓李杜宏印象深刻，當時的年代，「學校規定什麼，老師們以身作則，進一步要求球員，當時大家可以吃苦，團隊的紀律優先」。

李杜宏二〇〇〇年底、二〇〇一年接任華興棒球隊總教練，他表示隨著年代變遷，訓練的方式當然會調整，但很多觀念、訓練基礎，都還是有方水泉教

1971 年第一代巨人少棒重登世界之冠，陳銘晃（圖上）、李文瑞（圖左）與吳誠文（圖右）凱旋歸國盛大遊行。

練的影子，華興一貫的原則不變，最重要還是要求球員在求學階段不要荒廢學習。此外，棒球是團隊運動，服從、尊師重道、長幼有序，都是棒球基本的傳統。

旅日名投郭源治是方水泉教練在華興帶的首批球員，他回憶華興求學生涯，對於「讀書」這塊的回憶也頗多，除了跟著一般生一起上課，高年級學生幫忙輔導課業，郭源治更把「讀書」培養成個人興趣。

郭源治曾提到，剛讀華興時，假日多是一個人獨自看書度過，看書讓他人生除了棒球之外，多了許多不同的養分，這個習慣一直延續到之後的旅日生涯。

至於訓練，郭源治提到方水泉教練耐心的指導，也提到同樣是投手出身的方水泉，特別重視體能訓練，把「跑步」當成訓練重點，在練投之前，需要先跑操場二、三十圈，但郭源治自豪，對在台東山野長大的他來說，這樣的跑步分量並非難事。

「亞洲巨砲」呂明賜也是華興校友，他曾在自傳中分享華興球員生涯，呂明賜、趙士強兩位巨砲同時紅於八零年代末期，呂明賜讀華興，趙士強讀美和，但兩人不約而同直言，能成就「巨砲」能力，都是在高中時期訓練打下的基礎。

呂明賜回憶讀華興的始末，一九七八年第一天向華興青少棒報到，大家對他的體型都很新奇，球隊中多了一個「小巨人」，當時高三的學長李聰智還偷偷捏了呂明賜手臂上的肉，向當時教練杜勝三說：「是軟的、軟的。」

呂明賜在學校算聽話的球員，教練團一直希望他可以減肥成功，教練跟他說，「練球不應該被動，能夠主動訓練，技術才能進步。」呂明賜把話聽進去，開始認眞跑步、勤練揮棒，做重量訓練，呂明賜鬆軟的肥肉，在華興期間鍛鍊成結實的肌肉，也練出之後的「亞洲巨砲」。

方水泉對華興棒球隊影響深遠，但後期華興棒球隊校友回憶起球員生涯，大多難忘葉國輝教練的「數字暗號」；葉國輝當生活組長時有著李杜宏口中的

「軍人威儀」，但後期帶球隊也是球員口中「想法前衛的教練」。

不同於一般教練比暗號的手勢，葉國輝教練「數字暗號」堪稱一絕。數字一到七代表不同的戰術，實戰時，葉國輝比出數字，球員短時間要算手指頭又要連結暗號，印象最深刻的就是金龍旗棒球賽，當時華興進攻，比分落後、九局二人出局、三壘有人，葉國輝暗號一比，打者端出短棒，讓現場所有人錯愕。記錯暗號的趣事常常發生。

民國 59 年先總統 蔣公暨夫人接見嘉義七虎及台中金龍少棒隊。

許多人在華興一待就是六年，從棒球場走到食堂門口石獅子的那段長長的上坡，更是許多人的惡夢，校友們回憶，以前只要聽到「石獅子」集合，不是要去食堂吃飯，是要被學長操練的痛苦時刻又來。那段長長的上坡步行約十分鐘，但操練起來卻像幾十公里長那般看不到盡頭，成爲許多華興人共同的回憶。

現任統一獅隊教練高建三，國中、高中都就讀華興中學，他能在中職投滿十八個球季，都要歸功當年在學校奠定的厚實基礎，「體能訓練做得很多，對日後球員生涯很有幫助」。

學生時代，在球場上去的階梯來回跑，只是家常便飯，高建三說：「有時候要從學校跑到全國飯店（文化大學再上去），還會從學校跑到明德樂園（外雙溪）。」

位處山邊的華興地理位置特殊，校區內有上、下坡，還有平地，「什麼地方都能跑，教練們都會充分利用」，學校每個地形、角落，都是球隊跑步、練體能的好地方。

高建三在華興時期，分別被蔡榮宗、方水泉帶過，「方教練都是以身作則，有一次爲了示範游擊區接球，不小心摔傷骨折，休息不到一個月馬上就趕回球隊」。

華興球員除了打球，唸書也馬虎不得，高建三說：「那時候每兩個禮拜放一次假，沒練球的時候，最喜歡逛校園，隨便到哪個地方停下來，都有風景可以看，是一個讓人安心的環境。」

1972 年世界少年棒球錦標賽世界冠軍日後名教練李杜宏、李聰智、名裁判李柏河、吳宏益都在陣中。

華興美和名將紛憶當年——
皆盼國內棒球基石再起

賴德剛

「北華興、南美和」這句話，絕對是所有國內棒球圈人士所詳知的話語，自民國五十八年（一九六九）至今，兩所學校爲台灣球界培育出了無數的優秀棒球人才，更可說是台灣棒球的根本與搖籃，儘管在二〇〇七年，華興中學宣布解散青棒隊後，再也無法重溫兩校對壘的盛況，但這些畫面永遠在棒球迷們的心中。

一九六九年金龍少棒隊在美國威廉波特勇奪台灣第一座世界少棒冠軍後，因爲大多數球員要繼續升學，有著經濟上的壓力，很可能就此各奔東西，因此在相關人士奔走下，這批包含郭源治、余宏開等未來名將的小球員們，全數進入華興中學就讀，學費、吃住一律全免，學校更因此成立了青少棒隊，聘請方水泉擔任總教練，並興建棒球場，開啟華興中學棒球榮光。

只是隔年的威廉波特比賽中，七虎少棒隊無法順利衛冕，也無法依循原本冠軍隊可整批進入華興就讀的模式，此時美和中學創辦人徐傍興伸出援手，讓這批七虎少棒球員整批進入美和，華興vs.美和的戲碼，已經悄悄成型。

然而在一九七一年，這批進入美和中學就讀的七虎成員們，有十一名之後轉入華興就讀，也被稱爲「七虎挖角」事件，當時引起不小風波，但也因此，華興修改學生球員保送門檻，不再只接收拿下世界冠軍隊的球員，反而廣納了更多優秀選手入校就讀，而美和也不斷吸收好手來強化自身實力。

民國六十一年台灣舉行第一屆全國青少棒錦標賽，共有華興、美和，以及中區代表金龍與東區代表紅葉四隊參賽，當年的六月七日，是華興與美和的首次交手，也是兩隊對抗史的起點，當年美和由曾紀恩領軍、華興則爲方水泉率隊，最後美和以八比二獲勝；隨後在六月九日的加賽中，美和再以三比二擊敗華興，讓美和占了上風，也拿到中華隊代表權，並獲得台灣第一個青少棒世界賽冠軍。

當年美和以江仲豪、楊清瓏、蕭良吉等人為主力，迎戰投手戰力堅強的華興，那時還是撿球員的趙士強說：「我們只能當啦啦隊，看到學長在球場上與華興對決實在很羨慕。」

不過隔年第二屆的賽事中，華興就以一比零力克美和，扳回一城，隨後的數年裡，兩隊各有勝負。三年後的民國六十三年，華興中學成立青棒隊，讓原本的青少棒隊成員可以全數進入就讀打球，延續棒球生命，而美和中學也依循同樣模式，讓兩校的對抗，從青少棒一直延續到青棒。

民國六十四年，「北華興、南美和」的對抗從青少棒延伸到青棒，當年的中華杯青棒賽，華興在強投孫金鼎、強打林華韋、盧瑞圖的率領下擊敗美和拿到冠軍，在第一次的青棒對決占上風。

不過隔年第一屆全國青棒賽，美和靠張沐源、龔富豪、楊清瓏、江仲豪等人的強投豪打，在四強賽以三比二逆轉由劉秋農、蘇豐原、郭源治、盧瑞圖、林華韋等好手組成的華興，之後並拿到比賽冠軍，進軍美國羅德岱堡世界青棒賽奪冠。

「北華興、南美和」除了球隊對抗，就連球迷也只有華興、美和兩類，觀眾席上壁壘分明，「北華興、南美和」的對抗史，陪伴不少球迷成長。

只是一九七九年，華興遭

1976 年華興青棒代表隊右起董國華、林華韋、葉志仙，都已嶄露頭角。

遇了第一次的解散危機，因爲當年許多球員畢業，時任球隊經理的華興隊經理方水泉表示，青少棒隊只剩下十一名球員，青棒隊剩則是十三人，一旦有球員受傷或因故無法上場，連替補上場都成問題。

再加之華興對於吸收球員還是有許多限制，例如可能要拿世界賽冠軍的球員才能加入，且當時中南部縣市爲發展當地棒球，不同意將選手「放給」台北市的華興，因此造成招生困難。幸好當年奪得世界少棒冠軍的嘉義朴子少棒隊的部分球員，選擇進入華興就讀，才度過了這次難關。

而在青少棒與青棒球員陸續畢業後，華興中學畢業的學生，大多選擇輔仁大學就讀，而美和中學的學生，則是進入華興中學所在地陽明山上的文化大學，更開啟了輔大 vs. 文化的對抗史，甚至還延續到未來的社會甲組球隊味全（文化建教公司）與葡萄王（輔大建教公司），讓球迷相當興奮。

華興 vs. 美和延續到社會球隊之爭最有名的比賽，是在民國六十八年九月十五日由味全隊上葡萄王的甲組秋季聯賽，當時葡萄王的先發投手，是後來赴日本職棒羅德隊發展的莊勝雄，對手味全的投手則是由黃廣琪擔任。

兩人在該場比賽皆獨撐二十一局，最後味全以一比零獲勝，而該場比賽葡萄王隊前四棒全部都是華興出身的球員，如第一棒三壘手林華韋、第二棒右外野手黃志雄、第三棒左外野手董國華與第四棒二壘手葉志仙，而味全陣中則是有楊清瓏、趙士強、李居明以及先發投手黃廣琪等出身美和的名將。

這場從下午四點開打的比賽，一直進行到晚間十點十一分結束，共打了六小時十一分，莊勝雄投了二百三十五球，黃廣琪則是二百三十二球，不但打破了當時甲組成棒紀錄，更令現在的職業棒球界難以想像。

因爲美和 vs. 華興帶來的棒球熱潮，再加上後起之秀榮工隊冒出頭，民國七十二年十一月，教育部終於正式將棒球運動列入學校的重點運動項目，並指定美和、華興兩所中學，以及台南縣的遠東工專爲重點發展學校，而從青少棒、青棒、大學到社會球隊，北華興、南美和培育出了無數的棒球好手，資深一輩已經轉爲教練者，華興就有林華韋、葉志仙、郭源治、陳大豐、呂明賜與謝長亨，而美和則爲徐生明、趙士強、李居明、龔榮糖、洪一中與楊清瓏，更別提有數不清現在仍在職業棒球場上繼續奮鬥的球員們。

只不過物換星移，在民國八十一年（一九九二）國中棒球聯賽正式開打後，華興再度面臨球隊人手不足問題，教育部爲了嚴格限制球員跳槽影響既有學校球隊的實力，訂定了如果要代表學校出賽，需在該縣市聯盟設籍滿三年，也就是說，如果你是轉學生，高一轉進來後可能都無法出賽的情況，而華興過去都是招收各縣市的好手，此規定一出，華興也只能找尋台北市國小、國中畢業的球員。

但因北市學生棒球運動不若其他縣市，因此出現球員不足造成斷層情況，華興因而在二〇〇三年宣布停止招收青少棒球員，剩餘的青少棒、青棒球員等到學籍結束後，球隊自然停擺，二〇〇七年最後一批青棒球員畢業後，華興棒球隊正式走入歷史，而這三十五年來，華興培養出剛剛好一百位曾加入或正在奮鬥的國內外職業球員，成爲國內棒球基石。

而美和中學雖然青少棒與青棒隊至今依然存在，但同樣受到無法吸收外縣市好手加盟緣故，戰績也不若在與華興對抗時輝煌，也有不少棒球場的相關設施遭拆除，實爲可惜。

不過儘管自二〇〇七年後，在正式的棒球比賽場上就再也看不到「北華興、南美和」的對抗賽，但在兩校OB持續奔走下，二〇一八年十二月十五日在屏東的美和球場，進行了第一次的華興、美和OB對抗

全壘打王棒上添花
昨擊出第七五七支
棒棒創新紀錄・技藝已臻巔峯
謙稱所獲成就・隊友支持所致

青少棒青少棒
今日聯袂凱歌歸
二度贏得三冠王・為國爭光
各界熱烈迎小將・歡宴頒獎

王貞治在今後五年
可創造九百支紀錄
著名棒球評論家近藤貞雄研析

四棒王

貞治破紀錄
阿倫致敬意

擎天一棒
投手鈴木

還在報禁時期的民國66年，總共才三大張的報紙動輒半版刊登棒球訊息。

賽，不少兩隊過往的老球員們紛紛到場，重溫當年對抗的美夢，華興青少棒隊第二屆的孫金鼎就說：「歷史與傳統是非常重要的，華興與美和為台灣棒球培育過許多人才，更為台灣發展職棒打下基礎，希望華興能夠從社團球隊重新組起。」

同樣是華興畢業的第二屆青少棒隊校友、現任台灣體育大學校長的林華韋，也抱持著同樣想法，希望母校能從社團球隊開始，重組校隊，他說：「建中、台中一中、台南一中這些升學學校都有棒球隊，華興為什麼不能有？如果能先有社團球隊，參加比賽就算被電的再慘都沒關係。」殷殷企盼華興能夠再次恢復棒球隊。

至於何時才能重現過去真正的華興vs.美和之爭？或許還要再等待一段時間吧。

江竹山

余富誠

李居明

林英俊

洪仁佳

唐昭鈞

徐生明

張少良

張永昌

張業泰

張龍基

黃榮銘

潘寬盛

| 1977 年美和青棒隊個個日後出名。

金龍少棒奪冠五十周年——
弘丕盼政府續投才與財

陳弘丕／第一代金龍少棒隊隊長

一九六九（民國五十八）年中華民國金龍少年棒球代表隊奪得世界錦標賽冠軍舉國歡騰、轟動一時。引起世上很多對中華民國沒概念的棒球愛好者開始對中華民國台灣有印象進而瞭解。許多國人也爲台灣第一次參加世界棒球運動項目比賽在全世界曝光就能拿下第一的榮耀感動流淚。

我身爲隊長何其榮幸，多次代表球隊領獎，也代表國家、球隊和參與比賽的全世界隊伍選手們在美國電視轉播前，第一個以中文語言宣誓遵守比賽規則儀式。

台灣從日據時代的棒球前輩傳承至今和一九六八（民國五十七）年紅葉

少棒打贏日本冠軍代表隊的契機，才有了以後至今的棒球發展。我們感念、感恩所有棒球的前輩和對支持棒球運動的社會人士。特別是少棒之父謝國城先生爲金龍隊遠征美國的比賽經費到處籌資。

因爲蔣夫人的恩澤，建立育幼院也懷抱金龍隊入華興成立華興中學棒球隊，從此成爲北部棒球的搖籃，並囑咐學業優先的教育方式。華興出身的選手比非華興的選手有學業壓

華興校友陳弘丕（右起）、溫金明（右三）等校友，長期關懷弱勢。

力，卻多了一分文質氣息。陳智源機械工程博士、林華韋擔任國立體育大學校長、葉志仙擔任輔仁大學教授等等，都是華興教育基礎成就許許多多社會菁英。

謝謝蔣夫人！

棒球運動項目有機會爭取國際榮譽和能爲國家爭取曝光率。要呼籲政府更積極鼓勵教育政策一定要普及到每一縣市。試問棒球強國如美國、日本、韓國等幾乎每個小學都有球隊、球場，以及所統計的棒球人口和看球的觀眾比例和帶動的經濟價值。如果棒球是重要的運動項目，政府的預算編列和專業人才的支援確實太少太少了。

少棒魔手勝日本獲美譽——
陳智源充實自我歸平淡

吳清和

陳智源，一個絕對值得所有台灣人都感謝的人，他是第一代金龍少棒隊揚名立萬的主力投手，日本人稱他是「少棒魔手」，再貼切不過。可惜他從高二之後，選擇了課業之路，「少棒魔手」從此消失在我國棒壇，但留下了永遠難以磨滅的回憶。

一九五六年十一月，陳智源生於台南市，小學五年級就讀於台南市立人國小時，在操場打躲避球，被體育老師石榮堯發現陳智源投出來的球特別有力，於是叫他參加棒球隊。剛開始，陳智源是練二壘手，六年級開始，石老師讓陳智源專攻投手，石老師這一轉念，台灣棒球活了起來。

一九六九年初四月，當時的中華少棒代表金龍少棒隊在友誼賽連輸給日本兩場，爲了打即將到來的遠東區少棒比賽，棒協委託名教練方水泉到各地訪才補強金龍少棒隊，在台南棒球場選投手人才時，投手出身的方水泉自己權當捕手，當他接到陳智源所投的快速直球時，方教練整個精神也振奮起來。

方教練稍後接到陳智源壓的很低、球速快又準的外角球和變化曲球時，當下說出：「這（指陳智源）應該是國內最好的少棒投手！」

方教練甚至認爲陳智源就是中華少棒隊未來擊敗日本隊最重要的補強武器之一。但他一直沒讓陳智源曝光。

補強的金龍少棒隊經三個多月的集訓，赴日本東京參加遠東區少棒賽，關鍵戰對上日本關東西東京代表隊時，陳智源授命先發，拿手的快速直球、外角球及變化曲球完全發揮威力，以三比零完封日本關東西東京代表隊。驚訝的日本媒體稱陳智源爲「少棒魔手」。

金龍少棒隊獲得遠東區的代表權，八月要到美國打世界少棒賽。當金龍隊抵達美國威廉波特時，先前已遭到淘汰的日本全隊居然也到了威廉波特，爲的就是抗議金龍少棒隊是「明星隊」，而不是單一縣市的球隊。

因爲當年四月，名爲台中金龍少棒隊連輸給日本隊兩場友誼賽，兩隊在日本再遇，日本代表隊輸給陌生的陳智源，日本隊不服，全隊跑到美國抗議；但沒被大會接受，金龍少棒隊這才得以有機會代表台灣第一次參加世界少棒大賽。

金龍少棒隊當年首戰對上加拿大，打到延長至十二局，以五比零擊敗加拿大；第二場靠著再見四壞球以四比三贏了美北；冠軍戰再由陳智源主投以五比零擊敗美西，贏得台灣第一座世界少棒冠軍。

第一代金龍少棒隊帶著無比的榮耀回國後，全隊進入了文武並重的華興中學，受到學校以讀書爲重的感召，陳智源在高二時以受傷爲由，從此放棄棒球，棄武就文。

高三畢業後，陳智源考進逢甲大學機械系，一九七八年學業成績優異畢業，同年八月考到海軍陸戰隊預官，服了兩年兵役退伍，回逢甲大學機械系擔任助教。

一九八二年獲得全額獎學金到美國新墨西哥大學攻讀機械碩士，一九八四年獲得碩士學位。在美國就學期間，陳智源與大陸籍的張琰結識，兩人於一九八五年結婚。

婚後，陳智源繼續攻讀博士，一九八七年獲得美國新墨西哥大學機械博士學位，同時做博士後研究，並在機械系教

生活已歸於平淡的「少棒魔手」陳智源。

書。

一九八八年定居芝加哥。目前是 John Crane, Inc 研發部門的高級工程師。

一九八九年受洗成爲基督徒。

生活歸於平淡，完全退出球界的第一代少棒英雄，陳智源目前在美國定居，平時愛種蘭花與養錦鯉，生活平靜。

（陳智源／第一屆）

第一代金龍鐵捕蔡松輝——悲劇風雲小英雄落重難

溫金明

蔡松輝（第一屆），第一代金龍鐵捕，一個悲劇性的風雲小英雄。一九六九年在美國世界少棒錦標賽期間，讓老美見識到少棒球員竟有著如此職業水準的演出。

在六零年代，台灣正處於國共兩岸最緊張的年代，也是台灣處在全世界各國開始被中共擄獲的暗黑年代，而台灣處在這緊張的國際局勢，體育運動還沒從二次大戰甦醒過來，整個台灣被世界姑息主義壟罩得喘不過氣來。一群十來歲的小球員，第一次背著國旗踏出國門，先到日本驚雷一轟擊敗連續幾年世界冠軍的日本隊，取得遠東地區代表權，再遠赴美國參加決賽。

當年台灣剛剛有了黑白電視，可能一條巷弄才會有一戶人家有一部電視，在美國比賽時間正是台灣半夜二、三點。當年台灣只有一家電視公司「台視」。台視也動員全公司克服種種難題與困難，第一次從國外做現場實況轉播，連續三個晚上，台灣猶如不夜城。家家戶戶晚上就開始準備「泡麵」，有電視的人家也都毫不吝嗇的把電視搬到大門口、庭院前供左鄰右舍觀看，一起爲中華隊加油。

第一次出征的「金龍少棒隊」不負國人期望，到美國過關斬將奪得一九六九年威廉波特世界少棒冠軍，讓壓抑許久的全體國人歡聲雷動、感動、狂歡到了極點。

帶著冠軍杯回到台灣，這批爲國爭光的小英雄們站在吉普車上，沿著全台灣大街小巷接受國人英雄式夾道歡迎。這個場面和美國美式足球、職棒、職籃獲得總冠軍回到故鄉受歡迎的場面是一模一樣。

挾著這這樣的光環，蔡松輝在華興中學跟同期的隊友過了六年，受蔣宋美齡女士（蔣夫人）的照顧。高中畢業後即刻被當年正要在台灣打開布料品牌廠商的青睞，用蔡松輝「第一代金龍鐵捕」名義來號召，讓他走上模特兒伸展台全省巡迴走秀。這麼一走，也就讓蔡松輝走向悲劇的一生。

年紀太輕就從小走到同儕的最頂端，才高中畢業又再次成為鎂光燈的焦點，但這光環一旦被利用盡了，回歸到最平實與現實的生活，自己調適、改變的能力就關係著往後的人生。

蔡松輝遭遇令人心酸。

即便華興給了他六年完善的教育與生活環境，但殘酷的社會環境還是完全把這曾經的天之嬌子徹底擊垮。不到幾年的時間，經歷了一連串的失業、迷途、早婚、離異、再失業、撿破爛、睡路邊……終於，連最後一點的奮鬥意志也喪失了，連一丁點的工作能力也蕩然無存，最終就只能進入「教養院」（精神病患收容所），可能就這樣直到終老……終老……終老！

確實，自己的人生要自己負責，但在當年，這批小小球員在國際上爲台灣發光發熱，打出民族自信心，打出後來的三冠王，打出棒球成爲「國球」。反過來，除了蔣夫人，國家、政府有曾經爲這批以及後來的一批批的小國手們做過什麼？照顧過什麼？

（蔡松輝／第一屆）

感謝華興教育力養不輟——
金龍掌旗官林建良拜恩

林建良／第一屆

民國五十八年，我們金龍少棒隊不負國人期望，從美國帶著冠軍杯凱旋回國。承蒙蔣總統跟夫人召見，餐會中，蔣夫人提出球員將從國小畢業，可以集中一起到夫人辦的幾所學校繼續升學。其中有再興中學、復興中學跟華興中學，後來之所以選擇到華興中學，是因爲只有華興有較大的操場可供練球。但誰知道住進學校才知道原來也只是兩百公尺的小型操場，當場傻眼。後來幸好在學校老師全力的支持下，加上有軍方的卡車接送，就到山下借用幾所較大操場的學校、棒球場練球，還眞的滿辛苦的。但每次坐在軍用卡車上，看到憲兵都要向我們敬禮，覺得自己很威風、很爽，但其實憲兵是向「軍車」的駕駛或押車官敬禮的。

華興中學一向注重德智體群，蔣夫人請來北一女中退休的江學珠校長主持校務，江校長協調好幾位北一女的名師來教我們，更在蔣夫人要求「球要打，功課更重要」的叮嚀下，棒球隊可眞的被「叮」得很慘。除了球技訓練以外，課業更是完全不能放鬆。每天必需先接受正規的學堂課業，下課後才能接受球隊的練習，功課趕不上的，學校還安排老師特別給予輔導。所以今天華興畢業的校友，不論在體育界或各個行業，才能有突出的表現，這不得不歸功於當年蔣夫人的要求，以及學校嚴格的教學與指導，所以眞的很感恩那幾年在華興所受的訓練及「教與養」。

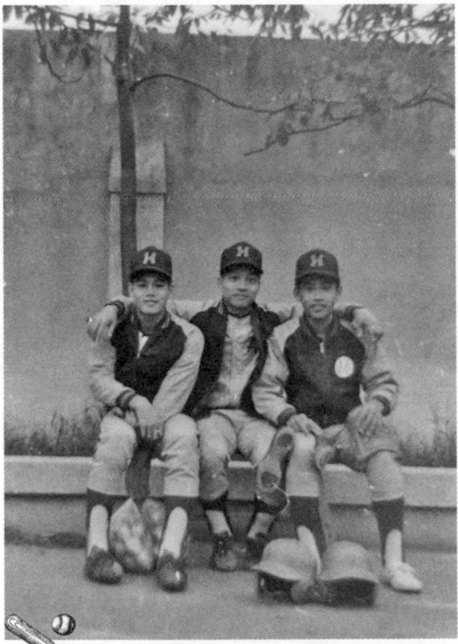

郭源治（左起）、林建良、蔡榮宗，都感恩那幾年在華興的「教與養」。

金龍林建良等華興球員謹記蔣夫人再三告誡「球要打，功課更重要」。

運動也能培養人生態度——
不貪戀掌聲華麗中退場

林華韋／第二屆，國立臺灣體育運動大學校長

運動競技，除比賽成績之外也是個人能力、成就的自我展現，雖然運動的人生非常精彩，但最後還是要回歸到一般生活；運動員也不可能永久當選手，最終還是要回到職場，擁有一份工作以維持生活所需。然而，從運動場進入職場要能被接受、要能生存，一定要抱持學習的心態，還要有正確的態度，包括：信諾、守時、紀律、責任感、毅力等，這些都可以藉由運動訓練過程中養成。

例如我以前在華興中學棒球隊練球時，方水泉教練、杜勝三教練、陳秀雄教練平常最常強調的是不能遲到，不能練球一定要事先請假。平常練球時，練

習之前要把場地整理好、器材架好，練習之後，東西歸定位。這些細節和約束都可以在無形中養成守時、紀律、負責等態度。此外，信守承諾也是人生不可或缺的正確態度，也讓我受用無窮。再舉一例，在那個紅葉少棒瘋迷全台的年代，我加入少棒隊時和父親有個約定，就是打棒球必須兼顧學業。雖然過程辛苦也曾想放棄，但我仍堅守承諾、不荒廢學業。現在回想起來，這些態度的養成都是成就我人生的重要養分。

林華韋（左二）自前總統蔣經國手中接獲獎狀。

態度養成最重要

同學若想走運動員這條路，最好能夠兼顧運動和學業，在課堂上盡量認眞聽講、課後複習，按部就班地跟上學習進度。若對於課業的學習心有餘而力不足，那至少在訓練過程中要養成上述所提的態度和價值觀，唯有抱持正確的態度才能幫助你在進入職場後適應各行各業的要求。

家長們通常也會因爲擔心自己的小孩課業與前途問題而對運動抱持反對的意見。然而現今社會多元而分工，各個階層與行業都要有人投入，因此每個人都須適性發展，找到適合自己的位置，不需要一股腦往金字塔頂端衝。唸書也不是唯一的一條路，書讀得好可以朝學術研究發展，讀不好就找自己適合的領域工作。不管書讀得好壞，擁有正確的態度和價値觀最重要，一個好的教練，可以在訓練過程中協助運動員建立正確的態度，這些態度不一定只能在課業書本上獲得，在運動訓練過程中同樣也能養成。

堅持棒球這條路

我從小就喜歡棒球，再加上當時棒球風氣的影響，小學就加入棒球隊，一路打到成棒。由於練習非常辛苦，且須遵守與父親的約定不能荒廢學業，因此在升高二時萌生放棄棒球的念頭，甚至想降轉改讀五專，好爲未來的就業做打算。但是，一邊讀書一邊看著球隊學長學弟練習的日常，心中仍放不下對棒球的熱愛，三個月後又重回球隊開始練習，繼續朝自己的興趣發展。

2013 年，林華韋接任國立臺灣體育運動大學校長。

高三時拿到了世界青棒冠軍，符合甄審資格可以申請大學的體育系就讀。為了就業考量，本想選擇師大體育系，畢業後可以當老師。但因輔大當時有郭源治、劉秋農等學長，可以共組球隊讓我繼續實踐夢想，因此更改志願選擇輔大體育系。由於懷抱棒球夢，在大學畢業當完兵後，遂接受日本業餘球隊的邀請到日本發展，當時也希望能有機會進入日本職棒。然而，三年過去還在業餘球隊的我，也開始思考人生未來的路該怎麼走。最後決定轉換跑道，申請日本筑波大學就讀體育碩士，專研體育領域的教練學，打算回台教書訓練運動員，以另一種方式延續自己的夢想。

不貪戀掌聲華麗退場

雖然，對運動員來說，要從球場上或掌聲中退場是必然的，但心態上的調整並不容易，這是一個必經的過程，也是重要的世代交替。時間是現實殘酷的，每個人都要有自知之明，了解自己在什麼階段能做些什麼事，不要貪戀掌聲才能華麗退場，進而尋求另一種形式繼續爲夢想努力。

運動員的訓練非常辛苦，時間也很長。加上每個人先天的體能限制與條件優劣，並不能保證最後一定會成功。如果能在競技場上發光發熱、不斷延續運動生命當然最好；若不行，也能轉換跑道當教練，或投入各行業中，這些都需要靠自己平時不斷自我思考而做出選擇。所以除了努力之外，一定要有正確的態度與價值觀，才能找到屬於自己的道路。人生的競技場上，勝負的關鍵最終還是取決於價值觀和態度。

民國 102 年林華韋及昔日華興校友參加杜勝三教練 70 大壽餐會。

李宗源開啟日本職棒路——郭源治接棒續發揚光大

婁靖平

八零年代，台灣有不少棒球選手被挖角到日本發展，李宗源是一九四五年以來首位加入日本職棒的台灣投手，之後郭源治加盟中日龍隊，更開啟「二郭一莊」的輝煌年代；而這兩位在史上留名的投手，都出身於華興中學。

李宗源從嘉義北上加入華興中學，一九七三年獲選中華青少棒隊，在LLB世界青少棒賽對東蓋瑞隊之戰，投出十六次三振，雖未改寫當年LLB單場十七次三振的大會紀錄，但出色表現仍讓棒壇爲之驚豔。

這場比賽之後，李宗源成爲風雲人物，蓋瑞城的《論壇郵報》專文報導，稱讚他是整場比賽的靈魂人物，撰文記者說，個人採訪棒球十八年以來，「李宗源是我看過最好的投手」。

高中時期，李宗源連三年獲選中華青棒隊國手，並率隊連拿三座世界青棒賽冠軍，專家形容他，「身高一八二公分，是棒壇少見的高個子投手，一雙超大手掌，似乎是專爲投球而生」。

李宗源被譽爲十八年來罕見的左投，一九七五年日本職棒羅德隊球探三宅育成來台，特別點名李宗源、劉秋農、郭源治三名華興投手，展現高度網羅興趣。

除了日本職棒，美國職棒也看到李宗源的未來，紅人隊球探赫遜特地來台蒐集資料，「快速球準確度、變化球弧度配合及控球穩定性都很好，若能有計畫培養，前途備受看好」。

三宅育成早早發掘出李宗源，爲了促成加盟羅德隊，特地收他爲養子，避免受到日職兩名外籍球員的限制。但當時受限兵役制度，李宗源無法出國打球，直到一九七九年服役遭驗退，挑戰日職夢想成眞。

日本媒體大篇幅報導李宗源將加盟羅德隊之事，並形容他是「台灣速球王」，對他的球技極爲推崇。華興中學總教練方水泉，對李宗源相當了解，「的確是極具發展潛力的好投手」，他認爲李宗源個性活潑，又有語言天分，在異鄉適應能力很好，也不忘提出建言，「要多注意左手中指指甲經常斷裂的問題」。華興中學教練陳秀雄則認爲，李宗源到日本發展，對國內棒壇是一大刺激，有助於棒球水準的提高。

郭源治是李宗源的學長，在華興稱霸國內外的那段風光時期，兩人都是球隊、國家隊主力，球技、知名度、被看好度不輸學弟，很快就走上相同的路，成爲華興第二位旅日投手。

郭源治一九六九年入選中華（金龍）少棒隊，在威廉波特世界少棒賽奪冠，進入華興後，在一九七四、七五年獲選中華青棒隊國手，兩度捧回冠軍，畢業後保送輔仁大學，依然是國家隊主力。

郭源治最快球速達一五〇公里，加上多種變化球配合，控球穩健，很快就吸引眾人注意。一九八一年日本職棒中央聯盟中日龍隊總務部部長大越貫司，專程來台洽談相關事宜。

除了取得郭源治父母同意，中日隊也積極和郭源治的乾姐陳蟾娟聯繫，希望她能從中幫忙；陳蟾娟是華興中學輔導組老師，郭源治從金龍少棒隊到華興中學就讀時，她就一直照顧這位小老弟。

郭源治家境不好，家裡很少寄錢替他加菜，最大享受就是吃蛋炒飯，陳蟾娟知道這個狀況後，經常特別關照他的伙食。升上大學後，也不吝提供金援資助，甚至在自己家裡布置練習室，讓郭源治有更好的練球環境。

中日隊相當禮遇郭源治，擬定草約簽約金一千五百萬日圓，保證月薪比之前到日本的李宗源、高英傑、李來發更高。大越貫司對郭源治很有信心，「他的投球技術，必能成爲中日隊主力球員」。

當年除了中日隊，羅德隊、美職紅人隊和美國大學隊都想爭取郭源治，最後中日靠誠意擊敗競爭者，一九八一年七月二十九日，郭源治赴日加盟，年薪兩百四十萬日圓，立即從一軍打起。

剛到異鄉時，郭源治最懷念在華興中學的生活點滴，除了陳蟾娟，王毓英老師也讓他極爲感念。

王老師負責學生伙食，她知道郭源治家境不好，經常特別替他另外準備飯菜，郭源治最喜歡去「華興大飯店」（廚房）搭伙，「王媽媽」還會幫他縫破褲子，華興貨眞價實地成爲他第二個家。

郭源治（圖右下一）是我國棒球運動員壽命最長之一，從12歲打到超過40歲。

郭源治在華興中學的生活無虞，也接受到良好教育，高中畢業後，一度因經濟問題想放棄升學，但蔣夫人獲悉消息後，立刻提供獎學金及每個月九百元的零用金，資助他完成大學學業。郭源治表示，蔣夫人是眞正教養他的長輩，「能有今天的成就，完全是蔣夫人所賜」，在沒有後顧之憂的情況下，才能全心全力在棒球技術上求進步，走上職棒。

一九八九年，郭源治面臨要不要入日本國籍、延長旅日職棒生涯的抉擇，蔣夫人寫了一封信給他，「這是你的人生，你想怎麼做就去做，重要的是心」，這幾句話成爲他勇往直前的支柱，也是他繼續在日本打拚的最大動力。

郭源治經常回母校，除了勉勵後進要好好打球，並一再強調，「一定要想辦法也把書唸好」。他最喜歡以自己爲例，「在日本打球時，最常回憶起的往事，就是經常半夜躲在廁所（學校夜間唯一有燈光的地方）讀書」。

郭源治說：「在華興時期，最重要是把書讀好，打下最好的基礎，並且學習做人做事的道理，華興給予的是看不到的，是無限的，影響到自己的一生，就連去日本打職棒都有深刻感受。」

「在華興學會了愛，也感受到別人給我的愛，這是我人生中很大的支柱」，這是郭源治最希望能持續發揚光大的華興精神。

李宗源在羅德隊效力三年（一九八一～八三年），留下戰績五勝十六敗、防禦率五．八〇，一九八三年被交易到讀賣巨人隊，直到一九八五年季後宣布引退，轉往日本河合製藥廠擔任輸出部部長。

郭源治則在日職投出風光的紀錄，一九八一到一九九六年總計十

1962 年世界青少棒冠軍，李宗源貢獻良多。

六個球季，戰績一〇六勝一〇六敗一一六救援成功、防禦率三・二二，是日職史上第五位達成「百勝、百救援」的強投。

李宗源是旅日第一人、郭源治發揚光大留名，帶動旅日風潮，讓年輕好手將日職視為挑戰目標。這兩位華興老將，替母校爭光，也聯手替台灣球員開闢出不同道路。

詹德基老師們的管理下——天之嬌子轉身出類拔萃

溫金明

民國五十八年九月，自從「金龍十四位小將」進入華興中學就讀的那一刻起，就是華興上上下下頭痛的開始。華興原本是蔣夫人爲了照顧因當年國共內戰，從大陸來台一批批失怙的孤兒而成立的，因爲幾乎都是父母雙亡的孤兒，所有在學校課業所需、生活所需全部由學校供應，連牙刷、毛巾、衛生紙、內衣褲……全部都是。所以學校裡面當然沒有一般外面學生最喜歡的一個地方——福利社。而且，更因爲大部分學生沒有親人在台灣，所以不要說寒暑假，連一般禮拜天的假日也沒有放假。

學校這樣的生活狀況，對這一批當時被全國人民捧得比天還高的「嬌子」

如何受得了？不到一個禮拜，所有家長就被學校緊急通知到華興開會，請家長個別安撫這些嬌子。

當時，就爲了照顧好這批「嬌子」，蔣夫人還因此在江學珠校長特別推薦下，從部隊借調師大體育系畢業，剛進到部隊服役的「詹德基」來擔任生活管理（詹德基後來曾任奧委會副祕書長）。「管理」顧名思義就是要來「管教」的，但詹德

華興校友會感念曾經擔任過華興棒球隊的管理詹德基（右二），感謝他當年的「聖誕老公公」之舉。

基老師碰到這些小毛頭卻變得像有求必應的「聖誕老公公」、和藹可親的保姆。之所以像「聖誕老公公」是因爲詹老師爲了安撫這批嬌子，幾乎每天晚餐後就下山到士林夜市，買一大袋好吃的東西，像聖誕老公公般的背回學校。而之所以像「保姆」，因爲晚上就寢熄燈後，一定陣陣的「暗夜飲泣」聲聲傳，先是一、二個，一下子全部都來了，詹老師就得趕快一個個的像保姆般「不要哭喔……不要哭……」的哄，總得要忙個一、兩個小時才得以休息。而最被詹老師心疼及照顧的當屬郭源治和余宏開了，因爲他們都從台東遠來的原住民，家庭經濟狀況本來就很差，所以詹老師都會爲他們兩個各別準備一些特別的好東西。尤其余宏開，國語講得比其他人的台灣國語還嚴重，又夾雜著原住民語，也因此逗得大家開懷大笑。

當然，詹老師以體育人的角度，亦師亦友的跟大家很快地就打成一片，自己的房間隨時讓大家進去聽聽西洋音樂，甚至打輸球了還自掏腰包帶大家去看當年最熱門的「貓王」電影。

之後，「生活管理」接續換來了詹老師的學弟「楊熾榮」老師，秉持詹老師的作風，繼續以保姆般的方式照顧著大家。之後接棒的葉國輝老師，則以完全的軍事化來整頓，這時的選手已經來到了七、八十位之多，葉老師在校長的特別要求下，大家在生活規範以及體能訓練方面才眞正開始感受到「被操、被修理」的感覺。葉老師待了一、二年之後換來了一位北越的僑生毛振明老師，這時大家喘了一口氣，毛振明老師又恢復一點「人

楊熾榮老師，承接前任管理詹德基老師的作風，繼續以保姆般的方式照顧著大家。

性化」的管理，常常搞一些北越風味、怪怪味道的好料給大家分享，這也成爲往後大家津津樂道最值得回味的時光之一。之後是一位跟葉老師一樣，以嚴厲出名的吳祥木教練訓練出來的得意門生陳錦志老師，大家又再度墜入地獄般的魔鬼訓練營了。尤其陳錦志老師的所謂「四圈八分鐘」，以及跑斜坡的「二十五秒」，幾乎訓練完，讓大家吃什麼就吐什麼。

不過，當時大家在這幾位管理教練對於生活要求、嚴格體能的訓練之下，學校對球員的課業要求也沒有一點點的放鬆。成績不及格照當不誤，所以每一屆總有三、五位同學被留級。但大家也可能在這樣的氛圍下，對於課業的自我要求也很高。在晚上十點準時熄燈後，全校烏漆抹黑的，只剩下宿舍廁所還有小燈泡，以及各建築物之間過道走廊還有微弱的燈光。這兩個地方處也就成爲球員在熄燈後搶著占位置的熱點，就是爲了繼續K書，不然會被當掉留級。這樣的讀書風氣也因此造就了棒球隊有了六位博士、三十三位碩士的傲人成果。

生命鬥士邱進龍黃武雄——同病相憐不向命運低頭

溫金明

「台灣霍金」邱進龍

生命不在乎長短，而在乎是否充實；外貌不在乎美醜，而在乎是否心善；人的價值不在乎能力強弱，而在乎是否對人類有所貢獻！

出生於台南的邱進龍（外號「黑龍」），小學就在台南棒球名校「立人國小」接受華興前輩周登泉、連永紹的棒球啟蒙。民國七十七年國小畢業即進入當時台灣中學棒球的最高殿堂「華興中學」就讀，接受最正統棒球文化的洗禮。

邱進龍那年代的華興同儕，包括楊朝行、李朋坡、鄭漢禮、黃士魁、蔡清濬……等，共同的最大回憶就是訓練體能的「獅子頭二十五秒衝刺」跟「四圈八分鐘」。幾趟下來，教練就會過來看看中餐有沒有偷吃餐廳沒有準備的菜餚，因爲保證一堆人把中午吃的都吐了出來。

六年的華興高中生活畢業後進入台中的「省體」（現改制爲「國立體育運動大學」），而當年的教練又是華興的學長「林華韋」（現任校長），似乎整個棒球生命都離不開「華興」。

不幸的，在二〇〇〇

邱進龍就如霍金一樣，希望能有一點微薄收入，減輕家人負擔。

年十二月二十六日因一次車禍，導致頸椎嚴重損傷，在加護病房昏迷到隔年端午節才出人意外的清醒過來而轉入普通病房，這期間完全由機器來維持生命跡象。一直到現在將近十九年漫漫歲月的復健，還是只有頭部跟眼睛還能運作，猶如剛過世不久的英國著名天文物理學家霍金。所幸上帝讓邱進龍遇見「高雄市脊髓損傷者成功之家」的探訪者，給他再一次的機會面對人生，邱進龍在成功之家的照護員鼓勵之下，就如霍金一樣，藉由戴在頭部的感應器對焦螢幕，以最艱鉅的方式學習電腦，希望能有一點電腦技能賺取微薄收入，減輕父親與姐姐爲了照顧他所背負的沉重負擔。但畢竟這樣的電腦操作難能有特別的經營效益，生活與經濟壓力每下愈況。

但邱進龍不怨天尤人，秉持焚而不毀的精神，選擇爲自己的人生負責，現在不但是協會的理事，經常到各醫院去探視鼓勵新損傷的病友，也推著輪椅到各商家去做「友善商家宣導訪視」的工作，鼓勵商家改善「友善」環境給予傷殘病友方便的使用空間。邱進龍希望以有限的生命力量做到最完全的付出，生命的過程應該就是這樣吧！

（邱進龍／第二十屆）

不服輸、不低頭、不放棄的黃武雄

二〇一八年，曾率領台中西苑中學奪下無數次全國及世界青棒、青少棒冠軍的總教練黃武雄，不幸於十一月三十日在自家社區的停車場被鐵捲門壓傷了頸椎。一個不小心竟造成黃武雄頸部以下的身體全部失

黃武雄傷及頸椎，造成行動不便。

去知覺、完全不能動彈。經過了醫生搶救、自己以最堅毅的奮戰鬥志、非常辛苦的做復健。辛苦的老婆跟孝順的女兒，天天輪流陪著黃武雄，在專業復健看護員的幫助下，黃武雄總咬著牙，含著淚，一步一步走著走著。因爲三個月內、一年內的黃金修復期一分鐘都不能耽擱。現在已經可以靠著助步器緩緩移動，說話也清晰了很多。還好，黃武雄除了有很好的運動底子，最主要的是不服輸、不向病魔低頭、不對生命放棄的毅力，讓自己帶來希望，現在也在大家的鼓勵下，堅強的撐過危險期而準備邁開腳步，再次迎向另一人生高峰。

（黃武雄／第六屆）

課業荒廢一年都為七虎——進華興方知愛英文理化

溫金明

李宗洲博士在一九九〇年獲得美國德州大學細胞與分子生物學博士學位。畢業後就進入美國國家衛生研究院（NIH）做博士後研究，接著加入美國國家癌症研究院（NCI）研究腫瘤形成機制。之後就往人類基因工程、生物科技領域鑽研。回台之後在二〇〇四年加入工研院負責生技產業的推廣，並受聘行政院科技顧問組，協助政府規畫並推動台灣的生技發展。所以現在台灣的生物科技相當發達，在全世界占有一席極高的地位，這不得不歸功於李博士多年辛苦的付出。但任何人看到文質彬彬又「煙斗」英俊的「李宗洲博士」一定不會跟運動、跟棒球國手聯想在一起。原來李博士是台灣棒球風迷全國那六〇年代的「七虎隊」游擊手。那一年七虎隊是繼「金龍隊」之後參加威廉波特世界少棒錦標賽，碰到尼加拉瓜一個左手怪投而一分飲恨敗北。未能衛冕成功，還在下著大雨的夜晚坐上華航的班機，個個心情沉重的降落松山機場。與前一年金龍隊萬人空巷的凱歸畫面真的是天壤之別，那時的行政院長蔣經國還親臨機場來迎接這批背著國旗的小國手們。剛好一位小國手被親臨機場迎接的蔣經國先生幫忙撐傘的新聞畫面，正是「李宗洲」小國手。

七虎隊依循前一年的金龍隊也全數進入華興就讀。李宗洲在少棒期間荒廢了幾年的課業，幸好在蔣夫人對校長的特別囑咐下，球隊有了真正唸書的機會。尤其江學珠校長是剛從北一女中退休就被蔣夫人禮聘到華興，因此華興有

昔日七虎隊成員李宗洲，如今是生技公司總經理。

很多北一女的老師被江校長請到華興來特別教學。因此，球隊除了有幾位名教練的球技訓練，更有全國最資優的課業老師來教學。這時李宗洲也發覺對英文以及理化有相當濃厚的興趣，漸漸的也就把精力從球場轉移到課堂上來，課業成績也很快地追上甚至超越一般生同學。之後順利考上東海大學、研究所，一路到了美國，取得博士學位，最後再轉回到自己最熟悉的台灣。很幸運地可以將多年來在生物科技領域的所學，奉獻給台灣這片土地。

李博士回想來時路，要不是進了蔣夫人的華興中學，讓自己有最好的打球兼讀書的環境，一定沒有今天的我。心存感恩蔣夫人以及教導過的教練及師長們！感恩！感恩！

（李宗洲／第二屆）

當年蔣經國特地到機場迎接輸球的七虎隊，下雨天還為小孩撐傘，那位小孩即後來的博士李宗洲。

教頭葉國輝的棒球人生——

身心靈發展比球技重要

方圓球場以處世，曲直球路知應變；
攻守進退求有方，勝負得失即人生。

——葉國輝座右銘

陳俊文

華興中學棒球隊的成立

一九六九年，爲了讓爲我國獲得世界冠軍的金龍少棒隊球員繼續打球，並延續方興未艾的棒球熱，華興中學吸收了這批小球員。同時間，遠在台灣南部屏東的美和中學則廣泛吸收未能取得我國代表權的「遺珠們」。少棒時的對抗，升級到青少棒，在往後二十五年（一九七二～一九九七），形成了「北華興、南美和」的史詩級對抗。每次對壘，總是吸引全國人民的關注，其程度不下洋基對紅襪、巨人對阪神的「世仇大戰」。

四分之一個世紀裡，華興總共五次取得我國代表權，並且在一九七三、一九七七、一九八六年獲得世界冠軍。

當球員們陸續升上高中，華興和美和都成立青棒隊，南北之爭延續下去，甚至當兩校球員高中畢業後，分別進入輔仁〈華興球員爲主〉、文化〈美和爲班底〉大學，世仇之爭延伸至「梅花旗」。如今，當國人把焦點放在中華職棒，甚至層級更高的日職、大聯盟時，別忘了華興、美和爲台灣培育了多少棒球人才，是近代台灣棒球的搖籃。

葉國輝與華興棒球隊的奇緣

華興青少棒最初是從合庫借調方水泉、陳秀雄、杜勝三爲教練，但在一九七二年輸給美和。之後，方水泉、杜勝三找來同是台南子弟、年僅二十五歲的葉國輝當球隊教練兼生活管理，四位教練被球員戲稱爲四大天王。

葉國輝在初三才加入台南的高中棒球名門南英商工，高一開始練投，在十七、八歲時是台灣高中第一強投。葉國輝說，名投譚信民在高一時想加入南英，但當時高三的葉國輝占住了頭號先發的地位，自視甚高的譚信民才加入六信高商的棒球隊。除了投

葉國輝帶隊哲學之一「輸球教練扛，贏球選手享」。

球，葉國輝也是打擊高手，曾在全國「中上」青棒賽創下百分之百的打擊率，是大谷翔平級的「二刀流」球員。

高職畢業，因爲有機會保送大學，婉拒了特地從台北南下的方水泉的邀約（合庫）。大專畢業後轉服預備軍官役，因派駐外島兩年，無法借調回本島球隊，和棒球脫節兩年，退伍後才被杜勝三延攬到華興當教練。如果當初他按照當年高中或社會隊的ＳＯＰ，就不會有和華興這份偶然的緣分了。

帶兵哲學

葉國輝第一次到華興當教練，只有一年半的時間，但這一年半教練的歷練，爲他日後的大學、社會隊教練工作，到棒協訓練組長、球評，甚至跨行當「羽協副祕書長」，提供了足夠的養分。

「投手負責前五局，教練肩負後面四局的考驗」、「輸球教練扛、贏球選手享」。

贏得比賽，鎂光燈聚焦在勝投、打擊功臣，而審時度勢、運籌帷幄的教練往往少人提及；輸了比賽，千夫所指，要有肚量和血吞。

葉國輝說，一九七三年美國的世界大賽是夜間比賽，即便在七、八月間，地處大湖區的蓋瑞城，晚上非常冷，球場的草皮上有露水。他到美國前就訓練選手突襲觸擊，可利用露水滯球跑出安打，不僅余宏開等選手一頭霧水，連教練團都不怎麼認同這種「偷點」的方式。

結果，第一場比賽，冷手冷腳的華興就一路落後，比賽後段，葉國輝發現美國投手身材高大但動作不靈活，草皮露水更多，就下令李文瑞偷點，造成投手滑倒，扳平比數更逆轉戰局。頭過身就過的華興不但免於落入敗部，更一鼓作氣五連勝拿到華興青少棒隊史第一座世界冠軍。

「知兵要帶心，知兵才能識兵」、「我願因培育新球員而遭受打敗受責，也不想只用老球員而常勝」。

一九七三年那屆的華興好手雲集，有林華韋、蘇豐原、黃志雄、盧瑞圖、李文瑞、余宏開，葉國輝認爲每個位置至少要有兩個球員，但球隊只有十四個名額，因此他要求選手們要有「全才」的本事，他看上極爲聰明的孫金鼎，自律甚重的孫金鼎不負所望，投、打、捕，樣樣來，更內（野）外（野）兼修，「要命的是，他樣樣都很厲害！」葉國輝回憶起這個華興棒球隊「工具人」，仍然嘖嘖稱奇。

另一個例子就是那時還是國二的李宗源，沒錯，就是二次世界大戰後第一個加入日本職棒的台灣選手。山東籍的李宗源身高一八〇公分，柔軟度好，但脾氣硬、控球差，葉國輝和杜勝三聯手進行改造。

葉國輝說，他要求李宗源投到九宮格的指定位置，如果沒投到指定位置，便罰他自己輕輕打一下自己的耳光。李宗源起先還覺得好玩，後來才抗議爲什麼只有他接受這種不平等待遇？葉國輝告訴他：「全校六、七百個師生對你的改造是否成功寄予厚望，而且我們有七十多個選手（含高中組），你又只是國二生，你一定要比別人強！」因爲方法得宜，加上李宗源本身過人的天分，才兩、三個月就改進了控球不穩的毛病。這時葉國輝又要求教練團儘量少讓李宗源曝光，到了全國選拔的冠軍戰才以伏兵之姿出現，打敗美和，奪得全國冠軍。

葉國輝再度任教華興（青棒）已是一九九八年了。現在的球探兼名球評「耿胖」耿伯軒當時還是國三的捕手，葉國輝相中他驚人的臂力，改練投手，後來耿胖還一度赴美發展。

自創「五言」教練心法

「擠廁所夜讀、闢室供夜讀。淋雨勉球員、半夜巡蓋被。心疼書唸少、買書送球員」。「長髮理光頭、違規慢放假」、「沒有教不會，只有不會教」……這不是劉伯溫的〈燒餅歌〉，也不是歌仔戲的「四句連」，這是葉國輝密密麻麻、五字一句的教練心法的一部分。

葉國輝帶兵首重紀律，在幾十年的教練生涯，他幾乎不曾對球員動手過，唯一的例外是一位唸國二的同學，有一次以感冒為由請假，卻被發現和學校的女同學嬉鬧，葉國輝一氣抓住他的上衣，失手將他的上衣扯破。事後，葉國輝立即還他一件新的上衣，葉國輝並且反省，動手是自己沒智慧，如果只有靠打罵，是沒有資格當教練的，所以他開始想辦法教導球員。例如，對師長沒禮貌的，就叫他對著大樹敬禮；違反規定的，在假日先留下來練完球再放假；屢勸不聽的，就「威脅」請家長到校……。

葉國輝認為，當師長者最忌「不教而誅」，所以他先和球員約法三章，球員們對處罰也都欣然接受。葉國輝記得，當時的蘇豐原長得帥，極有女生緣，每晚分發信件時，有八成是他的信。那時球員每兩周要剪一次頭髮，有一回蘇豐原和余宏開沒在規定期限理髮，笑嘻嘻地「自首」，告訴葉國輝知道該怎麼做，隔天兩人就自動理了個大光頭。

雖然重紀律，但葉國輝也不是獨裁者，他鼓勵球員有自己的想法，甚至歡迎來踢館辯論。他說，球員中以黃宏茂口才最好，有一次辯不過教練，就故意在小地方打轉（以現在流行的術語就是「跳針」），葉國輝就說：「如果你眞的認爲自己是對的，明天要不要請家長來一趟學校？」話一說完，黃宏茂的眼眶就紅了。

對球員身心靈發展的影響比球技還重要

葉國輝自幼「重文輕武」，常自嘲是「一介武夫」，所以鼓勵球員們要好好讀書。華興和其他球隊不同的是，即便頭上頂著世界冠軍，都必須把榮耀放一邊「隨班就讀」，平均打散到各班和普通學生一起唸書，也就是沒有所謂的體育班，球員們上課到下午三點半後才開始練球。

校方一視同仁的對待，球員們在課業上就不敢馬虎了。當時二十五歲的葉國輝，是教練、球隊的生活管理員，也是球員們的大哥，教練團也只有他一人住在學校的宿舍，和球員全天候相處。他發現每晚熄燈後，球員們會到廁所就著昏暗的燈光讀書，而且廁所很小，非但只能站著讀書，還必須「輪班」唸書。於是葉國輝整理了宿舍裡放置球具的房間，搬來許多桌椅，讓球員有較好的讀書環境。葉國輝還記得，劉秋農會爲了熬夜讀書而猛灌咖啡。劉哲志的父母重視教育，葉國輝徵得教練團的同意，讓劉哲志周六上午的練球時段可到校外補習。

球員去上課時，葉國輝向老師們查詢球員上課情形，並據此在每晚就寢前向球員訓話，以掌握球員的狀況。北部多雨，訓話時遇到下雨，他讓球員站在屋簷下，一個人站在雨中淋雨，算是葉國輝一種「沉默的溫柔」吧！

華興暫時熄燈號

國中聯賽制度實施後，禁止跨區就讀，只能吸收北部的球員，而且其他球隊崛起，老牌的華興和美和的成績大不如前。二〇〇一年，學校政策改變爲升學導向，校方認爲球員會降低升學率，打算解散球隊。葉國輝在棒球隊校友的請託下，到董事會向董事長辜嚴倬雲說明，他以華興出過六位博士及三十多位碩士爲例，希望董事長讓球隊保留下來。

只是，大趨勢使然，儘管林華韋等校友大聲疾呼，「宰相有權能割地，孤臣無力可回天」，華興青少棒只多存續三年，終於在二〇〇三年解散，青棒隊也在四年後解散，見證台灣戰後棒球發展近四十年的華興棒球隊吹起了熄燈號。

資源回收棒球文物達人，葉國輝讓大家拍案叫絕

葉國輝熱愛棒球之餘，他還深受父親醉心書畫詩樂、母親個性愛物惜福的影響，他將對父母的孺慕之情，轉化到對棒球文化的探尋及棒球物品的收藏，被台南市文化局長譽爲「棒球界的文化人」。

棒球物品的收藏起源自一九七三年華興獲得青少棒世界冠軍，返國過境日本時，駐日大使馬樹禮邀請全隊和全壘打王王貞治餐敘，「王桑」送全隊每人一個簽名球。多年後葉國輝在箱底發現這顆球，深感一個紀念球除了紀念的功

能，更有傳承的味道，也開啟了他收藏棒球文物的念頭。

數十年下來，他的收藏達數千件，光紀念球就有千餘個。林林總總包括林易增一百次盜壘的壘包、郭李建夫一九九二年巴塞隆納奧運銀牌的破損釘鞋，這是林華韋從垃圾桶搶救回來，知道他有此怪癖，送他珍藏的。令人意外的還有台北市立棒球場拆除的全壘打牆護墊、見證眾多國內外好手從底下走過的大門宮燈。獲得世界冠軍後，蔣夫人送的司馬錶及在官邸接受召見的照片，也都是珍貴的收藏。

眾多的收藏，他家已變成這些「歹銅舊錫」的倉庫，有一次他在書房整理這些收藏，一扇窗戶重建天日，兒子看到了，驚訝的說：「原

｜50 多年前的葉國輝榮獲五十六學年度全國中上青棒賽打擊王及功勞（投手）獎双刀流殊榮的祕密武器：一支木棒釘繞四條單車鏈條，日揮百多下的自製加重棒。

來我們書房有窗戶！」

葉國輝特別感謝家人對收藏物造成收藏空間擁擠及空氣品質的體諒與容忍，他總是以稀（稀有）、奇（奇特）、古（古老）、怪（怪異）、拍（可拍賣）、案（有故事）、叫（令人讚嘆）、絕（絕版）形容自己的收藏，但何嘗不是他一生棒球生涯的寫照？

收藏品因為有故事才有了生命

幾年前，前三商虎隊選手「鯊魚」鄭幸生將他「中華職棒元年開幕連續二十三場安打」所用的球棒送給葉國輝，後來葉國輝將它借給中正大學展覽。有一天，鄭幸生的女兒在中正大學看到父親的球棒，連忙打電話向父親報告。上了年紀的球棒突然變得可碰觸、有故事，變成了分處兩地、兩代人之間的達文西密碼！

不老棒球隊

每個周末、周日，台南的小北棒球場，聚集了一群熱愛棒球的「歐吉桑」，儘管眼睛花了、速度慢了，腰也彎不下了，但喊聲還是頗大，精神也很抖擻，他們是台南的不老棒球（六十五歲級）及長青棒球隊（六十歲級）。

台灣老人棒球的發展較日、韓慢。近年來積極投入此項運動的葉國輝說，他從高中畢業後就離鄉背井，直到卸任「謝國城棒球文教基金會」執行長後，才比較有時間回台南 long stay，正好碰到前空軍棒球隊的陳德銘，抱著反哺家鄉的心情，找來一些熱愛棒球的老戰友，成立府城長青棒球隊。

在葉國輝等人的鼓吹奔走下，吸引許多的人投入，現在有比菲多、亨達、通鎰及柏立四隊，組成聯盟，利用假日在小北球場比拚。

除了聯盟內「網內互打」，也和其他縣市的老人球隊「網外互打」，而每年台日韓三國的「亞洲盃長青軟式棒球錦標賽」，就是「國際漫遊」了。葉國輝一家四兄弟，大哥葉三富、三哥葉欽也，都是南英出身、多次入選代表隊的好手，但直到長青棒球隊組成，葉國輝和三哥終於合體，甚至併肩遠征日本打亞洲盃，遺憾的是大哥已不在人世。亞洲盃長青棒球賽至今（二〇一九年）舉辦了九屆，葉國輝參加了五屆。

只要回台南，葉國輝每天下午都會到台南大學的網球練習牆前，對著牆投球。後來在這裡遇到打慢壘的黃允良，黃允良見此人年紀不小卻身手不凡，就毛遂自薦當葉國輝的捕手。

葉國輝說他一星期要練球八次，除了每天下午和黃允良同練，自己還會找時間多練

書法自成一格的葉國輝，常揮毫名言自勉。

一次，主要是爲了在球場上發揮「即戰力」。「活到老、投到老」是他的座右銘，除了年輕時就拿手的伸卡球，年逾古稀的他還在苦練其他球路，因爲想用來修理國內外的ＬＫＫ們。

高中時的國內第一強投，到現在的控球還是很精準，因此，對手也比較容易打中他的球，若隊友守備配合，是很有效率的投法，堪稱長青界的「省球一哥」。但畢竟年紀大了，教練就不常派他上場。有一次比賽，他向教練提出自付「出場費」——投一局兩百元、失一分五百元的請求，結果他投四局丟七分，繳了四千三百元的「公基金」。葉國輝說，教練原本不收這筆錢，但他堅持要繳，因爲「我可不想讓全隊笑一輩子！」

不過也因爲葉國輝的勇於負責，表現日益精進，長青隊的教練日後在投手的調度上非常重用葉國輝。

老人不是只能在公園或操場慢慢走，長青棒球隊如同電影 Field of Dreams，提供棒球愛好者一個實現夢想的地方，尤其這屆亞洲盃，韓國 Silver

｜中正大學棒球博物館，葉國輝感恩珍棒展。

隊竟然有九十高齡的投手，葉國輝覺得相較之下自己算「幼齒的」，所以矢志再投個二十年。

歐吉桑們打完球後在場邊吃東西、泡茶，談天說地、聊國民戰太空人，也談家中大小事，更常互「虧」彼此場上的糗事，對他們而言，棒球早已不只是棒球了。到現在，只要一提到陳智源、許金木，以及曾經有威廉波特世界冠軍的美好年代，話匣子就關不了，而在華興帶過這兩個球員的葉國輝，有太多這兩人的小祕密讓這票老伙仔聽到「耳仔趴趴」，這就是台南老人最庶民、最值得珍藏的回憶。

潛水艇投變鋼琴調音師——劉秋農的嚴謹還不能退

溫金明

劉秋農：華興棒球第一屆，也是美和青少棒第一次代表國家參加世界青少棒冠軍隊員。是國內極少數「潛水艇」式投法之一的名投手，他的父親也是日據時代「KANO」的投手。

劉秋農在華興畢業後進入輔仁大學、空軍棒球隊，退伍後在台灣短暫的幾年就到日本發展，加入YAMAHA山葉企業棒球隊。一九八四年也加入中華隊獲得奧運棒球表演賽銅牌獎，在一九八七年更率領山葉棒球隊奪得全日本城市對抗賽冠軍，自己也因此獲得日本業餘棒球比賽個人最高獎項「橋戶賞」，這可是在日本第一位外國選手榮獲此殊榮。

除了棒球，劉秋農也是正牌、有日本證照的鋼琴「調音師」（大家很意外吧！），所以日後手傷退出棒球場後，劉秋農繼續留在山葉鋼琴公司，也因爲是台灣人，就被公司委派專門負責到大陸採購鋼琴使用的木材。

目前，劉秋農已屆退休年數，但日本公司因爲他的專業技能以及比日本人還要嚴謹的工作態度，公司特別請求他還不能離開公司，繼續帶領年輕的後進，了解並傳承中國大陸採購的寶貴經驗。

（劉秋農／第一屆）

劉秋農變鋼琴調音師，日本公司還不讓他退休。

依然諄諄教誨基層棒球——
小朋友未來仍需李聰智

溫金明

李聰智，華興棒球隊第四屆，一九七二年威廉波特世界少棒冠軍「台北市少棒隊」。並經歷了中華職棒聯盟、台灣大聯盟等五隊的守備及打擊教練。

雖然離開職棒大環境後，仍然本著對棒球的熱愛，各地基層棒球甚至大陸球隊都相續找上門來，但李聰智還是寧願放棄大陸優渥的薪資，以他啟蒙的台北市各球隊和華興球隊爲第一優先，收入差很多，但心裡卻踏實很多，畢竟「感恩與回饋」的感覺還是最甜美的。至今，仍然活躍在各基層棒球的指導工作，對小小球員總以最大的愛心與耐心諄諄教誨，因爲李聰智很清楚，教練對小朋友的一言一行都將影響小朋友的未來的人生走向！

（李聰智／第四屆）

李聰智很清楚，教練對球員的一言一行都將影響他們未來的人生走向。

曾是光陽少棒主戰投手——江榮輝現當農夫快樂送

溫金明

江榮輝，華興棒球隊第四屆球員，一九七一年台灣南部「光陽少棒隊」主戰投手，當年與許金木、徐生明、李宗源等並列爲台灣名投之一。

離開了球場，也離開了繁華港都的生意場，即便曾在生意場上呼風喚雨，最後，想著從國小五年級因爲棒球而離鄉背井，陪在父母身邊的日子屈指可數，相當慚愧。

他毅然決然地回到鄉下，陪著漸漸老去的父母，隨即記起小時候幫忙做農事的回憶，當下決定開始做個快樂的農夫。當水果收成時，總不忘送去給鄉下的孤兒院以及教養院品嘗（碰巧一位棒球學長也在裡面靜養），回想自己年幼曾受蔣夫人多年的教養之恩，現在他的舉手之勞，也僅是棉薄之力回饋社會而已。

（江榮輝／第四屆）

快樂農夫江榮輝（右一），喜迎教練葉國輝（中）與老友溫金明（左一）。

馳聘全球笑談運動經紀——

宋名豐念華興課業洗禮

溫金明

宋名豐（原名宋正立），華興棒球隊第五屆球員，一九七三年威廉波特世界少棒冠軍「小巨人」隊員，該隊包括被列入威廉波特名人堂的全壘打紀錄者鄭百勝等人。當年的小巨人應該是歷年來我國少棒出戰世界盃比賽得分最多、失分是「零」的最輝煌紀錄保持者。

宋名豐經過在華興六年的洗禮，之後在二十歲時就跟著家人移居美國。雖在華興奠下一點英文基礎，但還是經過六年加州州立大學洛杉磯分校商學院的苦讀，取得了美國加州房產局經紀公司負責人執照。因爲有著很好的棒球背景，加上「中華職棒」開打，從職棒四年就順勢開始運動經紀，引介多位洋將來台加盟。經過多年的努力經營，如今已是第一位美國職棒大聯盟、職籃正式認證的首位華裔經紀人。名投手王建民的便是透過他的第一任經紀人宋名豐協助談判，王建民才得以取得優渥的絕佳條件進入洋基棒球隊。之後，宋名豐陸陸續續在之後二、三十年來的努力，經紀的項目延伸到籃球、網球、高爾夫等運動項目，範圍也擴大到中、日、韓等國，

宋名豐（左）是台灣第一位美國職棒大聯盟、職籃正式認證的首位華裔經紀人。

光是經紀的洋將已超過二、三百名之多。

宋名豐表示，把台灣好手送到世界棒球最高殿堂，不光是介紹過去取得一些傭金的事，這工作必須做得比照顧家人還要用心，從加盟簽約金開始，一直到正式加盟往後的賽事、生活狀況、與球員球隊的互動、外界媒體……等等都得投入無比的關心與照顧。尤其台灣球員遠赴美國強力棒球的大聯盟，球場的比賽競爭

宋名豐認為在華興苦讀英文的學生時期，是他今日成就的一大部分。

壓力，語言、生活等等各方面的適應才是最大的問題。記得當年，光是王建民的簽約金，從最初道奇公開開出一百萬美金，最後在宋名豐不斷的斡旋、談判下，最後洋基隊因對宋名豐的「信任」，以兩百零一萬美金拍板簽約。但在斡旋期間，宋名豐非常感謝王建民的兩位恩師：林敏政老師與高英傑教練居中的大力幫忙。

宋名豐眉開眼笑地談論經紀這麼多球星的故事，但回過頭來，宋名豐也不得不承認，如果沒有當年「小巨人」的啟蒙，如果沒有在華興那六年蔣夫人嚴格要求課業成績的壓力，一定沒有現在還算不錯的成就！

（宋名豐，原名宋正立／第五屆）

慨然拒月薪兩萬人民幣——
蔡明宏難解的華小情緣

溫金明

蔡明宏外號「蔡頭」，華興棒球隊第十一屆，頂著「九二年巴塞隆納奧運銀牌」的光環，成爲職棒「時報鷹」的一線投手。但也因爲「時報鷹」整隊爆發當年職棒賭博案最嚴重的簽賭事件而接受司法調查。蔡頭雖然自始至終很清楚、很堅持自身的清白，但還是經過了將近十年的司法調查、纏訟，最後是全隊「唯一」無罪定讞。雖然法院還給了蔡頭的清白，但無情的環境沒辦法還給他運動人生最重要的十年青春，蔡頭也因此完全斷送最熱愛的棒球生命，內心的痛苦、無奈、悲憤，無語問蒼天，自己也完全不想再觸碰曾經讓他風光，又徹底毀滅他前半生的「棒球」。

直到有一天，小幾屆的華興學弟周德賢，因爲帶領華興少爺兵急需一位投手教練而找上門。但對棒球已徹底失望的蔡頭只是一再搖頭以對，周德賢也如劉備三顧茅廬，最後以一句「不然你就當作『回饋華興』」而溶解了蔡

蔡明宏抱著回饋的心回華興執教，心安理得。

頭的鐵石心境。這就是華興人最脆弱的罩門：感恩與回饋！

在帶領華小棒球社團期間，現在小朋友很會上網找資訊，也很直白地當面問蔡明宏教練：蔡教練是不是有涉賭？蔡頭先是一愣，馬上很認眞，也很簡短的回答這批好奇寶寶：「我被牽扯進去，但最後司法還我的清白。所以不要怕被誤會，自己要堅持原則，面對問題。」

今年暑假，華小應邀到對岸參加邀請賽，深圳光明小學深知「華小」教練團的來頭不小，特別邀請蔡明宏教練對投手給予指導。賽後，光明小學校長親自邀請蔡頭能到光明小學來任教，當場開出月薪人民幣兩萬，外加其他優惠待遇。這對經濟收入相當拮据的蔡頭來講是一項相當誘人的條件，但沒想到蔡頭只淡淡地回校長一句話：我只回饋我的母校華興。這讓站在一旁聽到對話的華興家長感動得眼眶泛紅，這就是「華興棒球校友」！

（蔡明宏／第十一屆）

華興中學棒球隊熄燈號——吳柏勳回想猶不勝唏噓

吳柏勳／第十六屆

從畢業後離開學校已經二十幾年了，在民國九十年時，我與幾位校友退下職棒球員身分後，以教練的身分再次回到母校華興服務，負責訓練選手棒球專業技術，還有管理學生日常生活常規，民國九十～九十六年在這幾年任內的教練及助理教練的合作（教練團：陳炫琦、林光宏、吳柏勳、陳炳男、吳玠男、江柏青、張宗傑），這幾年的球隊成績也保持在一定的水準（全國八強內）。華興青少棒在民國九十二學年度正式暫停招生，導致當時現有選手不足，無法成隊參加比賽的情況，當時學校決定將所剩幾名球員送至台北市內有棒球隊的學校（重慶國中及大理國中），讓小球員能繼續打球，華興青少棒正式走進歷史。

華興棒球場的室內打擊場，記得是民國七十三年在我國一剛進入華興時建造的（後續有再增建高架圍網），室內打擊場裡培育出多少的選手，每當梅雨季來臨時，室內打擊場就是唯一的訓練場地，還有寒、暑假集訓時，從早、午、晚一天三餐的訓練。當打開夜間照明燈時晚間訓練就開始進行，在室內打擊場內的發球機聲音，還有選手認眞練習打擊技巧的情景，眞的很懷念自己在當選手或教練時的種種事物。當學校決定將新的教學大樓建造在棒球場，室內打擊場也因此被拆毀成平地，在大樓施工期間，球場縮爲三分之一大，爲了訓練場地，球員、教練利用訓練後的時間一起拿起鏟子、鋤頭來整理場地，因大樓施工的進度，爲了要有一個能訓練的場地，兩年內挖了球場三次，如今想起來，無法給予球員們一個好的訓練環境，對當時的球員們感到非常抱歉。爲了能正常練習，球員們每天要搭兩班公車才能到達社子河堤外的球場練習，遇到下雨天時，只能利用寢室裡的空間做一些技術性的輔助動作及重量訓練，相對下最後幾屆的球員對於球場的感觸也比較深。華興青棒部分，也在民國九十六年隨著青少棒一樣正式走進歷史。

如今回想起來，不勝唏噓。

吳柏勳對華興棒球場回憶無窮。

華興打球孩子學術兼顧——

王志忠以此念回饋下代

王志忠，華興棒球隊第二十二屆校友。一九九〇年夏天，台南善化國小畢業後，與五位同學北上華興就讀，在經歷過台灣五級棒球的洗禮與歷練，最終因傷，於二〇〇五年從棒球場上退役，未能在職棒場上闖出名堂。

退役後立即投入基層棒球培育之責，將畢生所學回饋於基層棒球，也將華興教育學術兼顧的精神落實於基層棒球，讓打球的孩子未來路更紮實更寬廣。

受華興養育六年，是這一生最大的受益與影響！華興「信望愛」的真諦，讓我棒球一生走過高山、走過低谷、有苦有甜、順境或逆境，我依然接受。「我靠著那加給我力量的，凡事都能做。」如今常存的有信、有望、有愛。

這一生受棒球與華興養育，也讓我心存感恩，更懂得施比受更有福，如今盡己所能的回饋基層棒球，回饋社會！尤其華興幾年生活中，讓我深深覺得對小朋友傳授棒球技術以外，課堂的學業以及人格操守將影響著這些小朋友的一生。所以在這三方面嚴格的督促著小朋友是我不變的職志與良知。（王志忠／第二十二屆，一九九一～一九九六年華興青少棒、青棒，目前任職：高雄市龍華國小體育老師兼棒球教練）

王志忠（圖右）當年在華興受教方水泉教練多年，日後也走上棒球教練一職。

才卸棒球服旋戀上糕點——楊川奇開小胖卡走全台

溫金明

華興棒球二十四屆，斯斯文文的清瘦，前衛潮流的髮型，完全感覺不出楊川奇曾經也是棒球場上的明星。在華興受教的幾年中，受學校讀書風氣的影響，以及有「棒球紳士」之稱的方水泉教練的潛移默化，楊川奇讓人覺得一身的書卷氣。

在離開了球場，因對「糕點」的沉迷，還遠赴他國觀摩學習多種可口點心的製作技巧，回國後開著小胖卡快樂餐車全省走透透。

但值得我注意與讚嘆的，楊川奇快樂餐車在最忙碌、最賺錢的假日，卻常常開到孤兒院、老人院，把最拿手好吃的糕點免費送給院裡的小朋友、孤獨老人嘗鮮。他說，看到這些小朋友、老長輩開心地吃著他親手做的糕點，是他最快樂的時光。

三年前，不經意看到一支南投原住民國小球隊來台北比賽，這球隊的極簡陋裝備，竟也讓楊川奇起了大佛心，請全隊到林口吃一頓好大的餐。每個小朋友都說「這輩子還沒吃過這麼好、這麼爽的一餐。」

接著，馬上又帶領華興國小社團棒球隊前往南投友誼賽，但主要的目的是號召一些好朋友帶去一堆堆的球帽、球具以及給小朋友的滿滿的禮物。爲了就是「鼓勵」這些資源匱乏的原住民小朋友，再接再厲，努力練球，一定有人支持他們的。

除了做糕點的手藝，楊川奇還是不能忘懷「棒球」，所以台北市、新北市常常看到他在國中、小的足跡。以在華興所受的「球要打好，課業、品德更重要」的理念帶領一群群的小小兵。尤其品德教育一點點都不能馬虎與妥協，不但改變了小朋友一些生活的壞習性，也讓家長們由衷的感念楊川奇付出的一切。
這也正是楊川奇一直掛在嘴上的：「華興從內在、從品德教育我們的，我們也要一直傳承下去，這樣才對得起蔣夫人，對得起方水泉教練。」

楊川奇（圖左）熱愛棒球，至今猶不忘鼓勵一些資源匱乏的原住民小朋友們。

（楊川奇／第二十四屆）

車經陽明仰德道頻頻望——
蔡奕亘美好回憶皆華興

蔡奕亘／第三十二屆

華興，這兩個字，對於台灣棒球發展史占有舉足輕重的地位，而我，竟有幸能進入這所學校，成爲華興的一份子。

那是二〇〇三年的夏天，剛從國中畢業的毛頭小子，帶著一顆興奮又有點惴惴不安的心情，踏上了華興這所學校。有些同學是從國中就在華興，對於環境的不適應，經由他們的介紹，很快的也能熟悉。融入環境後，更能享受在華興的一切。

球場就在宿舍旁，對於一個球員來說，那是多麼幸福的一件事情。一天大部分的時間都與球場相處，時常搞得渾身髒兮兮，心情上卻非常愉悅，常常都是微笑的進入宿舍（操完體能除外！），等著我們的，則是史培曼堂豐富的菜色，那是另一件令人期待又開心的事！

說到餐廳，我絕對忘不了二〇〇四年的高中聯賽，從第一場開始，我們就勢如破竹、接連勝利，有天比完回到餐廳，一踏進門，身旁便響起

蔡奕亘享受華興的一切，是他的美好回憶。

如雷貫耳的掌聲，那是學校同學給予我們的鼓勵，當下的情緒實在無法用言語形容，感動、快樂，更多的是感謝，也讓我感覺有種被期待的感覺，更想在球場上表現爲華興爭光！當屆比賽，我們也打入了全國前八強，雖然大家都認爲還可以更好，但也算稍稍爲華興爭了面子。

除了球場外，學校的生活也很豐富，許多老師不厭其煩的教導我們，讓我們除了球技，課業也不會落後太多，這些種種都是華興給予我們的，我很幸運，能在這所名校留下回憶。縱使球隊已解散，每每開車上陽明山時，經過仰德大道，還是會回頭張望那間曾經帶給我美好回憶的學校……。

華興棒球社團隊小小兵——周德賢接手三年半有成

溫金明

第十四屆的周德賢在三年半前接下了「華興小學棒球社團」總教練之後，也邀請了楊川奇等幾位校友來幫忙訓練這一批批完全沒有半點基礎的「華興小小兵」，最後有蔡明宏的情義相挺，以及另一位第四屆的李聰智加入，光是這三位教練的名號就足以嚇退比賽的對手了。但這幾位教練很清楚，不可能把這些華興貴族學校的驕兵訓練成當年的「北華興南美和」的悍將。但，所有教練依舊秉持著「以德練兵」的訓練模式，訓練的不僅僅是球技，而是藉由「練球、比賽」的過程訓練天之嬌兵「品德、言行」，甚至嚴厲要求家長要配合教練對這些驕縱慣了的小小兵各種以前不可能做的家庭作業：幫忙家事、尊敬父母，

｜現階段的華興棒球社團教練練球所秉持的是「以德練兵」的模式。

不可以再由父母幫忙穿衣服綁鞋帶……等等一些寵愛的習性。

短短二、三年的時間，家長原本只是順著孩子的意去讓小朋友玩玩棒球而已，但看到的不只是小小兵也能參加正式比賽，還抱回獎盃。更感受到自己小孩的改變，乖巧、懂事。在課堂裡面也更會關心其他同學的一切。這種種的變化都不是家長們所預期會發生的。

一位第一期的球員，今年從華興小學畢業轉到外面的國中就讀，但還很關心「棒球社團學弟們」的練球狀況。前一陣子，聽小學弟轉述周德賢總教練說：「大學長們要辦『華興棒球五十週年慶』，同時在集資修整棒球場，希望整修好的球場能讓『華小』棒球隊不用再跑到百齡橋下河堤邊借用場地練球。」但周教練還說：「目前經費還不夠，大學長們還在努力募款中。」這位已離開華興小學的小朋友，聽到後當晚從他的存錢筒倒出來數一數，全部三千塊錢拿給他老爸，請他老爸要轉給周總教練。他老爸問他說：「你都已畢業了，還要捐錢整建球場？」小朋友說：「我想到教練他們這麼辛苦教我們，和大學長們

現在的華興棒球團小孩被要求幫忙家事、尊敬父母，不可以再由父母幫忙穿衣服綁鞋帶……等等。

都在為棒球場募款找錢，如果錢不夠，球場沒辦法整建好，以後小學弟還是要跑到那麼遠的地方練球，自己想一想就很難過。」老爸深受感動，沒想到自己的小孩在這些華興校友帶領、教了幾年的球，心態上竟有這麼大的轉變，於是就回應說：「老爸也跟你一樣捐三千。」並且把這對話傳給了其他球員家長，家長們也轉述給小朋友，原來不在意的家長們竟一個個都被自己的小孩牽動、感動，幾乎都是小朋友先拿出自己一千、二千的零用錢要捐，父母只好鼓勵式的跟著捐，短短不到一個禮拜的時間，集資了二十萬元匯進棒球校友會專戶，解除了棒球校友會為籌辦這次活動的資金壓力。

感謝周德賢、李聰智、蔡明宏、楊川奇……還有好幾位熱心的校友，熱情、熱心也如此用心的帶領教導這些小小兵。也感謝這麼多位支持球隊、支持棒球校友會的家長們！真的，愛打棒球的孩子不會變壞！

華興棒球社團快樂出發——努力不懈入常軌見成效

周德賢

華興小學棒球社團創立

在二〇一六年的春天，在棒球隊第一屆溫金明學長的一通電話開始，啟動了華興小學棒球社團的創立。「喂，德賢，有時間聊一下嗎，華興小學的家長透過校友會詢問，他們想創立一個社團，讓小孩子在假日可以學習打棒球，請問你在假日有時間可以來指導一下嗎？」當時我只想

雖然我們輸很多但是卻從比賽中學到很多。（賽前）

到機會來了。

　　在溫學長的安排下，我與當時積極創立社團的家長見了第一次面，也在當下了解這個社團創立的意義，經過充分的討論後就訂好第一次的見面與練習，地點在實踐大學的小空地上。我還記得當天天氣不好只來八位小朋友，我簡單的自我介紹後就開始了第一次的練習。當天的練習只有兩小時，基本伸展和熱身運動就花了一小時，我發現小朋友有點無法適應，問了一下「累不累啊！」大家異口同聲「太累了，我們

上：雖然我們輸很多但是卻從比賽中學到很多。（賽後）
下：謝謝球場，球場再見球場我愛你。

想打球。」沒有錯，小朋友的心就是想玩球，於是第二個小時幾乎是在玩樂中度過的。

第二次練習，在練習前小朋友跑來跟我說：「教練，我們做操可不可以不要那麼久，我們想拿球棒打球。」我說可以啊！但是短時間得做操一定要認眞，我就會提早讓你們打球。當天的熱身操跑得特別認眞，我也提早讓他們接觸棒球了（軟式棒球），當下開心的小朋友拿著準備好的新手套，跑到大學內的小操場開始丟起球來了。大家丟得很開心，也發現大家都在忙著撿球，一直到撿累了我才集合他們，問一下「好玩嗎？」大家就開始互相罵對方丟不好或接不好，覺得撿球太累了，不想和某某人同一組練習等等的抱

跟 TAS 比賽小捕手上前跟投手講策略？

怨。我說：「這就是棒球，必須有扎實的基本動作才能做出準確的傳球和接球，也必須去配合所有隊友，這個球隊有團隊的精神才會變強。」這次的練習在嚴厲的訓話下結束了。

再來就是家長的態度了，我跟家長討論，我們練習的時間可能無法練出超級選手，但是我一定會把小朋友的態度教好，家長非常認同我的理念，認定華興棒球的教育及給社會的觀感就是品行好、態度積極有禮貌，那也確定了我們練習的目標和方向。

之後的練習中所有球具的放置、球場的問候、對長輩的禮貌、場地的整理都一一的安排在練習中，也開始了正確的球隊練習規劃。

加油！

樂樂棒球練習

起初的練習爲了小朋友的安全，我們使用樂樂安全棒球來練習，主要目的就是想利用安全的方式，快速的了解棒球的基本規則，也不失小朋友練習過程的趣味性。這個期間經過了半年時間之久，直到有家長問，我們這樣可以參加比賽嗎？

我當初並沒有想到他們會想參加比賽，只想說讓他們學習如何安全的學習棒球、玩棒球

上：加油！
下：教育盃打到第四名。

二天練習完又有二人中暑。家長問，你們之前都這樣練嗎？我笑了一下，心想只有更累，你相信嗎？接下來的練習在大家慢慢適應溫度之後就能上軌道了。

在這個暑假訓練結束前家長提議，能不能驗收暑訓的成果順便讓小朋友出外走走，當下就安排至南投新街國小，與新街國小棒球隊來場交流活動，於是就規劃出發了。

這次的行程非常有意義，除了小朋友的交流比賽，也讓家長知道參與正統棒球的訓練有多辛苦，必須犧牲很多與家人的生活、必須獨立生活自主管理、更需要

和正確態度的建立。既然有家長提出，我就必須告訴他們，這樣的練習是沒有辦法比賽的。「那要怎麼練才能比賽？」我說時間，要有時間才能有辦法應付比賽。家長說「好，我知道了。」於是在二〇一七年的暑假，辦理了第一次爲期四週的暑假訓練。

二〇一七暑訓開始，隊形慢慢成立

這個夏天很熱，家長把器材及營養後援全部準備到位，有一種氣勢就是想把華興棒球再次發揚光大。在第一天的練習，小朋友就有三人中暑，隔天就請假了，第

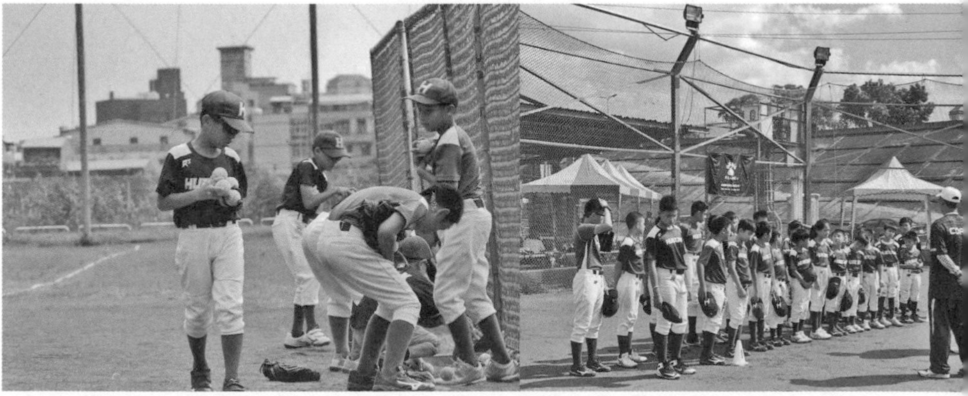

左至右：
｜ 教練跟你說⋯⋯。
｜ 教練跟你說⋯⋯。
｜ 人小氣勢 Happy Four ！
｜ 練完球要把球場弄乾淨，品格第一，功課第二，比賽第三。

有堅強的意志力才能在棒球場上打出優異的成績。家長說：在這環境的訓練我家小孩可能受不了。我說：應該是家長會捨不得讓自己小孩在這個年紀就受苦吧！你們家長有些都太寵自己的小孩了，我看到幫忙綁鞋帶，搧風遞飲料的，

上：我們也有女生隊員喔！
下：練習時不乖被教練處罰。

還有幫忙換衣服提球具的，這樣孩子會太依賴你們。當天晚上家長和小朋友在我們租的民宿烤肉，小朋友玩得很開心，有位家長就在聊天中提出，「教練，我家的小孩可以麻煩你用力教嗎？用最嚴格的方式，我保證不會再幫他拿球具了，也不會幫他綁鞋帶了。」現場的家長哄堂大笑，但是也引起全部家長的共鳴。紛紛提出「周教練，麻煩你了，我家小孩子也需要。」這眞是收穫最多的暑訓計畫。

有了二〇一七年第一次成功的暑訓，在二〇一八年也規劃了第一次的寒訓和第二次的暑訓，二〇一九年起也將寒暑訓列爲華興棒球社團的正常活動，華興小學棒球社團已步入常軌。

謝謝教練！

感謝孩子入華興棒球社——
學習中讓父母一起成長

王淑玲／球員家長

民國一〇八年初春，小一下開學後第一個週末，我們帶著孩子賴毅帆來到百齡球場，迎來一群超級無敵熱情的家長及孩子，內心憂喜參半。憂的是如何讓孩子敞開胸懷跨出去；喜的是看到了孩子健康的未來。接著從二月底到五月初，我們母子歷經了大大小小的衝突，不是出門前嚎啕大哭，就是到場不下車；不是練習時被球碰到憤而跑回車上，就是中場休息後不上場。諸多種種，點滴在心頭呀！四月下旬，周德賢教練對孩子的那一抱，媽媽眼淚快掉下來了，孩子的心也動搖了，終於他開始默默上球場了。

很多人問我，爲什麼硬要孩子去？我說沒爲什麼也沒有硬要，只是一份堅持。我只希望孩子可以在太陽底下體驗運動的美好；我只希望他可以在團體生活中，學習如何跟別人相處。我只希望他有一天不會埋怨我說「媽媽，爲什麼當初在我說不要時，您不堅持鼓勵我，跟陪我試看看，再決定要不要放棄？」所以我們開始了，然後有了下面的故事：

謝謝周德賢教練給我孩子的溫暖，在他哭泣時借他太陽

｜毅帆在團體生活中，已知道學習如何跟別人相處。

眼鏡，告訴他這樣才不會被人看見。

謝謝李聰智教練給我孩子的溫暖，告訴我不要急躁地勉強他，孩子都是這樣，讓我知道有些事眞的是需要時間的等待。

謝謝蔡明宏教練給我孩子的溫暖，鼓勵他要勇敢，不要害怕上場。

謝謝黃至宏教練給我孩子的溫暖，忍受他的慢呑呑跟他的吃軟不吃硬。

謝謝助教給我孩子的溫暖，在炎熱的盛夏，把他當弟弟一樣疼愛。

謝謝球隊社長、經理跟財務長給我孩子的溫暖，願意包容他並讓我們延長入社磨合期，好感恩。

謝謝球隊的爸爸們給我孩子的溫暖，尤其是洪爸、弘正爸及芸溱爸善用哥兒們式的情感給他的鼓勵，讓他有勇氣面對！

謝謝球隊的媽媽們給我的溫暖，在我孤苦一人站在球場邊，默默又無奈看著別人的孩子練球時，跟我說慢慢來，然後陪我聊天走過每一次等待。

謝謝球隊的孩子們給我孩子的溫暖，因爲眾學長姐伸開雙手大方的擁抱，讓他安心不少。

謝謝我的孩子，謝謝你願意努力試試看，而且成功熬過炎熱又辛苦的暑訓，媽媽覺得你好棒！

最後要謝謝我自己跟孩子的爸，雖然我們都黑一圈，也曾經有過爭執，但堅持眞的沒有白費。

還有一件事，我一定要跟大家推薦「華興棒球社」，因爲我也這樣告訴我家爸爸跟孩子，就是我再也找不到一個比這邊更棒的社團了，這裡有這麼優秀的教練團、這麼熱情的家長群跟無與倫比溫暖的學長姐，能認識大家眞的是一種福氣！所以我也想把這樣的團隊介紹給大家，眞心歡迎能有更多朋友加入我們的大家庭。

憑覺細讀華興五十周年——
盡見輝煌奪目成就輝煌

黃國洲

一項運動成熟茁壯之後常會走向職業化，尤其是球類運動，職業化是其最高境界。棒球是所有職業運動的領頭羊，早在十九世紀已有職業球員與隊伍。一八六九年，人類史上第一支職棒隊辛辛那提紅長襪（紅人前身）成立，而美國大聯盟的國家聯盟一八七六年就已組成。一九三四年，日本首支職棒隊大日本東京野球俱樂部（東京讀賣巨人前身）成軍，日本野球連盟一九三六年開打。

與美日兩國相較，台灣棒球很晚職業化，直到一九九〇年才成立中華職棒聯盟。雖然職棒起步慢；但台灣早就有職業球員，戰前就有不少人遠赴日本內地打職棒，如薛永順、羅道厚，而吳昌征、葉天送、吳新亨這三位球員的職業生涯更跨越二戰前後。然而因政權更迭，一九六〇年代已無台灣球員赴外加盟職棒，直到一九七四年才有首位棒球選手譚信民與日職簽約，他卻陰錯陽差被安排到美國小聯盟打球。

戰後一直到一九八〇年代左右台灣才開始有棒球選手旅外，這與一九六〇年代末期掀起的紅葉金龍少棒狂潮息息相關。當年少棒菁英進入「北華興南美和」的中學體系，畢業後不論是否繼續升學，都是彼時台灣成棒生力軍，而叱吒國際業餘棒壇的佼佼者當然吸引美日兩國職棒球探的注意。只是礙於兵役及語言文化等種種問題，早期旅外球員都選擇到日本。

提到第一批旅日球員，台灣棒球迷一定會想到「二郭一莊」，事實上在他們三位之前還有三位先驅者：李宗源、高英傑及李來發。李宗源應該算是戰後首位旅日球員，一九七九年以練習生身分加入日本職棒羅德獵戶座隊（千葉羅德海洋前身），兩年後在一軍登板，無奈控球一直不佳，羅德一軍三年，只交出五勝十六敗的戰績，一九八四年移籍讀賣巨人，但始終待在二軍，隔年宣布退休。李宗源來自嘉義，從蘭潭國中轉至華興中學直到高中畢業。他比學長郭源治晚兩屆，因沒唸大學而較早旅外發展。

郭源治就是「二郭」中的大郭，年紀比郭泰源大六歲，也比小郭早三年加盟日本職棒。他是台灣典型的「棒球之子」，小學搭上「棒球起飛」的最早班機，一九六九年赴美參加威廉波特少棒賽，奪得台灣棒球史上首座「世界冠軍」。他也是華興棒球隊的元老級學長，華興中學組織青少棒及青棒隊一開始就是爲了延續他們這一屆金龍少棒隊的升學之路。

郭源治是戰後第一位「站穩」外國職棒舞台的台灣球員，一九八一年加入日職中日龍隊，首年即在一軍登板，一九八三年球季達到二位數勝投，一九八七年轉任救援，隔季以四十四救援點拿下救援王獎項，並創下日職單季救援點紀錄。其後他身兼二職，先發後援兩頭忙。一九九四那年，他在名古屋主場完封阪神虎，拿下生涯一百勝，加上先前救援早已超過一百場，成爲日職史上第五位達成「百勝百救援」的投手。

一九九六年季末，大郭告別日職，十六年皆效力中日龍，戰績一〇六勝一〇六敗、一一六救援、防禦率三．二三。一九九七年初，中日龍還特別爲他在剛落成的名古屋巨蛋辦「引退儀式」，擔任打者是歐力士的鈴木一朗。當年他已年逾不惑，卻退而不休，隨即返台加盟中華職棒，一九九七年在統一獅，隨後二年移至和信鯨，台灣三年成績是二十八勝十一敗、防禦率二．三四。

一九八八年是台灣棒球迷幸福的一年，「二郭一莊」三位投手在日職大放異彩，更令人驚豔的是當年夏天呂明賜所掀起的「怪物旋風」，一軍初登板首打席就擊出全壘打。短短一個月內，二十二場十一轟二十一分打點，打擊率〇．三三五入選明星賽，第一年即敲出十六發紅不讓。在呂明賜之前，大多認爲台灣投比打優，「亞洲巨砲」強化台灣打者的信心，可惜這股旋風來得急也去得快，往後三年他只再打出兩支全壘打。一九九一年底離開日職，隔年加入中華職棒聯盟味全龍，五年後轉至新成立的台灣大聯盟高屏雷公。返台打了九年職棒，呂明賜成績還不差：二成九六打擊率、打點三四七分，只是全壘打才六十三支（六九五場），對支持他的球迷而言，難免有些失望。

呂明賜國、高中均就讀華興中學，外號「呂怪物」在日本大紅大紫那年，有位高他一屆的華興學長陳大豐以練習生身分加入中日龍，一九八九年陳大豐正式登上一軍，展開他長達十四年的職棒生涯。和先前旅日前輩不一樣，陳大豐先到日本唸大學，四年大學加上一年練習生，在日本住滿五年可參加職棒選秀，一九八八年中日龍球團第二指名大豐泰昭（他的日文姓名）。

陳大豐生涯前十二年，每季全壘打都超過二位數，前八年他在中日龍，後四年移籍阪神虎，最後兩年又回老東家。十四年通算成績：打率二成六六、二七七支全壘打、七二二分打點。一九九四是他生涯年，三十八轟、一〇七分打點，在中央聯盟拿到雙冠王。陳大豐視王貞治爲偶像，他的背號55即是向王貞治致敬，而他在一九九二年秋訓開始採用金雞獨立的打擊姿勢也是仿效自王貞治。陳大豐退役後在日本經營飯店，兼職擔任母隊中日龍球探，陳偉殷就是由他發掘引進。二〇一五年初，他因白血病去世，享年五十一歲。

陳大豐有位小他一歲的弟弟陳大順，與呂明賜是華興中學同屆同學。陳大順畢業後曾打過中油及合庫兩支業餘球隊，後來追隨兄長腳步，赴日留學唸同一所大學，先當練習生（一九九〇年）再經選秀進職棒。一九九一年陳大順穿上背號非常特別的〇〇號球衣加盟羅德，成爲台灣首對旅外的兄弟檔球員。因陳姓的日文讀音問題，陳大順和哥哥一樣，名字改成大順將弘，一軍出場機會極少，他只在日職待兩年，一九九三年返台加入味全龍，是第三位由日職轉中職的球員。

八〇年代台灣在國際棒壇成績斐然，而頂尖球員也在日本發光發熱，包括一群旅日的「社會人」業餘球員，如劉秋農、林華韋及謝長亨等人，劉、林、謝三人也是華興中學栽培的選手。父親是第一代嘉農隊投手劉蒼麟，劉秋農克紹箕裘從青少棒到成棒屢屢當選國手，後來赴日發展，一九八七年率領山葉在第五十八屆都市對抗賽奪冠，他出賽三場主投十九局，三勝零敗、防禦率二·八四，榮獲賽會橋戶賞（MVP），劉是首位得到此獎的外籍球員。

經過戰後數十年發展，棒球人才輩出，台灣棒壇領導人物認爲時機成熟，於是成立中華職棒聯盟，一九九〇年職棒正式開打，民國七十九年訂爲「職棒元年」，共有龍獅虎象四隊。雖然味全、統一、三商及兄弟等四隊前身是業餘「甲組」球隊，但職業化後需要更多球員。一九六九年開始招生的華興棒球隊無疑是最佳人材庫，首年開打即有多名球員出自華興中學。三商虎：涂忠男、李杜宏、黃武雄、曹清來、塗永樑、黃世明；統一獅：鄭百勝、陳炫奇、童健勝、吳林煉；味全龍：黃煚隆。除黃煚隆、塗永樑、黃世明、吳林煉四人是高中部畢業生，其餘均是國高中畢業生。

中職開打之初，各地場邊觀眾席常看到中高齡球迷。對棒球賽況戰術，他們資深內行；對球員背景資料，則如數家珍，因爲他們是看著這群球員長大的。三商虎當家捕手涂忠男是第一代巨人少棒成員，從小就是鐵捕；統一獅鄭百勝的名字「百戰百勝」令人印象深刻，他是二代巨人少棒成員。他倆都是國小畢業升學至華興，在陽明山上度過六年中學歲月。

「北華興、南美和」大家耳熟能詳，而這批中學生若選擇繼續升學，文化及輔仁大學則是他們首選，這兩校也是當年大專盃雙霸。無法獲得保送這兩所大學，有些人就退而求其次至體育專科學校就讀，如前述凃忠男到台北體專（簡稱北體，台北市立大學前身），鄭百勝到台中體專（簡稱省體，國立臺灣體育運動大學前身）。早期公立大學只有師範大學招收體保生，但學業成績要求高，所以少有棒球專長高中生獲得保送，只有一年例外，謝長亨、黃武雄及王清欉三位華興同學一起進入師大就讀。王清欉師大畢業從事教育工作，目前是政治大學教授；謝長亨、黃武雄兩位「老師」則成爲統一獅與三商虎的主力投手。

職棒開打之初，四隊各有一位本土王牌投手，號稱「四大天王」。四人當中，凃鴻欽老早引退，陳義信及黃平洋兩人「轉檯」至台灣大聯盟，只有綽號「阿草」謝長亨職業生涯從一而終待在統一獅。謝長亨退伍後赴日參加社會人球隊五十鈴汽車，一九九〇年底返台，職棒二年加入統一獅。十一年生涯，勝投數正好一〇〇，他是中職史上第一位達成百勝的投手。謝長亨不愧是王牌等級巨投，先發二百一十六場，完投六十三場、完封十場，「悲情阿草」吞下八十一敗，防禦率三・〇二。高掛球鞋後謝長亨轉任教練，二〇〇三年起分別擔任過統一（二〇〇三～五年）、中信（二〇〇七～八年）及兄弟（二〇一三～五年）三隊總教練，場次七百三十，三百三十九勝三百七十二敗十九和。

外號「老師」的黃武雄和「草總」謝長亨同樣來自台南府城，在華興及師大同窗十載，他是三商虎創隊元老，身形雖不夠高大，但具左投優勢，加上先發後援兩相宜，長相又斯文清秀，黃老師也是三商虎的看板球星之一。生涯七年，出賽一百九十二場，先發五十七場，二十四勝二十九敗十一救援，防禦率三・五三。

一九九二年巴塞隆納奧運，中華代表隊奪得棒球獎項銀牌，這是台灣棒運的重要里程碑，將棒球熱潮推上另一高峰，隔年中職趁勢而起新增兩支球隊：時報鷹與俊國熊。和美日一樣，擴編球隊需要大量球員，職棒四年（一九九三）新人大舉湧入中職，其中不乏來自華興中學的後起之秀。俊國熊：廖俊銘、陳威成、吳哲宗、林朝煌、白昆弘、王傳家；時報鷹：蔡明宏、張正憲、黃俊傑；三商虎：陳長陽。

一九九五年底，年代邱復生與聲寶陳盛沺另組台灣大聯盟，一九九六年成立台北太陽、台中金剛、嘉南勇士和高屏雷公等四隊，一九九七年初正式開打，同時中職也新增一隊和信鯨。一年間新增五隊，這是台灣職棒史上擴編最迅速的年份，除了挖角之外，亟需大量新血投入，這段期間也有不少華興校友參與其中。台北太陽：戴漢昭、鄭榮欽、莊銘傳；台中金剛：陳南星、李國成、丘昌榮、洪宏明；嘉南勇士：蕭文銘、邱炳煌、涂鵬斐、張文憲、李慶鴻；高屏雷公：黃輝榮、林裕翔、林振瑞；和信鯨：胡長豪、李文豪、劉明吉、楊煜堂、林鴻遠；味全龍：陳炳男；時報鷹：趙子傑。

自一九九〇職棒元年開始，旅日球員逐漸回台參加中職，一九九三年職棒擴編兩隊，隔年起至一九九九年，這六年竟無任何台灣球員再度挑戰日職，直到二〇〇〇年才有兩名職業球員「移籍」日本職棒：台灣大聯盟許銘傑改投西武，中職曹峻陽轉至中日。陳金鋒勇敢挑戰美國職棒，台灣球員旅外浪潮「西風東漸」，由「日系」轉「美規」，而王建民所帶領的大聯盟狂熱，召喚更多台灣球員前往美國尋夢。

在這群新世紀旅外棒球追夢人，也可見到華興球員身影。如旅美的耿伯軒、林彥峰、林柏佑；旅日的余文彬、張政憲、陽耀勳、吳承達、蔡森夫。較特別的是林彥峰與陽耀勳，前者由美職轉日職，後者由日職轉美職。張政憲與吳承達兩人也值得一提，他倆打的是日本獨立聯盟，吳承達國中畢業後「棒球留學」就讀日本宮崎日南學園，畢業後在日本唸大學。這幾位旅外球員，只有陽耀勳曾在日職一軍登板投球及上場打擊，其餘皆在小聯盟及二軍奮戰，始終無法登上美職大聯盟與日職一軍。

一九六九年華興成立青少棒隊，一九七二年成立青棒隊；國中部二〇〇二年、高中部二〇〇五年起不再招收棒球選手，二〇〇七年青棒球員畢業，華興已無棒球隊。一九六九至二〇〇七前後三十九年華興中學幫國家栽培無數棒球學子，也孕育出一百一十一名各國棒壇的職棒好手。數量之多，僅次於台灣另一所名校美和中學，即便美日兩國的高中，單一學校也無法培育出數量如此龐大的職棒選手。

附錄

附錄一 華興棒球隊各屆名單

屆別	姓名
1	伍茂東
1	李俊杰
1	林建良
1	張瑞欽
1	莊凱評
1	郭源治
1	陳泓伾
1	陳智源
1	陳鴻欽
1	黃正一
1	黃宏茂
1	溫天壽
1	溫金明
1	劉秋農
1	蔡松輝
1	蔡榮宗
2	李宗洲
2	林華韋
2	侯德正
2	孫金鼎
2	郭俊林
2	陳玉佼
2	陳義性
2	黃永祥
2	黃志雄（歿）
2	楊福興
2	董國華
2	蔡景峰
2	盧瑞圖
2	蘇豐原

屆別	姓名	屆別	姓名	屆別	姓名
3	余宏開（歿）	4	李東旭	4	黃清杰
3	吳智雄	4	李聰智	4	藍紹箕
3	李泉成	4	周登泉	5	宋名豐（正立）
3	沈清文	4	林永隆	5	李柏河
3	邱崑鉉（歿）	4	林振男	5	許正宗
3	涂忠男	4	林祥瑞（歿）	5	連永紹
3	許永金	4	林朝進	5	郭文理
3	許金木	4	姜福正	5	陳平茂
3	陳銘晃（歿）	4	張志雄	5	黃明亮
3	葉志仙	4	張建昌	5	黃金勇
4	江榮輝	4	郭永宗	5	黃清輝
4	吳宏益	4	陳志舜	5	楊華元
4	李文瑞	4	陳金鉛	5	蔡仁嘉
4	李杜宏	4	曾金城	5	蔡漢文
4	李宗源	4	黃天文	5	鄭百勝

屆別	姓名
5	盧銘寬
5	簡志成
6	王清叢
6	李俊宏
6	張永勝
6	曹俊彥
6	彭國平
6	黃武雄
6	葉博育
6	謝長亨
7	呂多欣
7	沈進忠
7	周之文
7	林明章
7	施振義
7	陳炫琦
7	趙良安
7	蔡志昌
8	張德勝
8	曹豐揚（清來）
8	陳大豐（歿）
8	黃正德
8	黃煛隆
9	朱天賜
9	吳俊德
9	呂明賜
9	呂慶聲
9	李文良
9	周振宗
9	林光宏
9	林進賢
9	林義雄
9	洪志雄
9	康正男
9	張其洲
9	郭人榮
9	陳大順
9	陳辛庫
9	蔡宗憲
10	吳傳祿
10	袁遠明
10	郭萬吉
10	陳威成
10	陳昭安
10	曾慶裕

屆別	姓名
10	黃世明
10	黃禎智
10	塗永樑
10	廖剛池
10	劉華忠
10	謝文雄
11	王士銘
11	江怡德
11	呂長坤
11	侯佳謀
11	洪揚名
11	涂元添
11	張正憲
11	許安慶
11	陰經龍

屆別	姓名
11	陳文彬
11	黃輝榮
11	劉敏福
11	蔡明宏
11	蕭文銘
11	賴金輝
11	戴漢昭
12	江健豪
12	吳文宏
12	吳哲宗
12	李逸南
12	周湘龍
12	周聖修
12	邱睿昶（炳煌）
12	張正慶

屆別	姓名
12	莊皇國
12	許永昌
12	陳彥愷
12	童健勝
12	黃俊傑
12	楊育期
12	蔡登淵
12	蔣政仲
12	鄭榮棟
12	盧進達
13	吳招祥
13	吳林煉
13	林光中
13	林奇峰
13	林靖翔

屆別	姓名
13	孫富田
13	張宏德
13	張育誠
13	陳信宏
13	劉明國
13	劉明彬
13	蔡智玩
13	鄭國祥
13	鄭堅文
13	鄭智元
13	蕭輔鎮
13	駱亮諭
13	韓青山
13	蘇昭安
13	蘇偉盛
14	白昆弘
14	何禮宏
14	李育忠
14	李建宏（歿）
14	周德賢
14	林佳緻
14	林郁捷
14	林朝煌
14	林裕翔
14	胡長豪
14	殷仁德
14	張協進
14	張展榮
14	章宏達
14	陳勇勳
14	陳南星
14	黃明忠
14	鄭武雄
15	王傳家
15	李安翔（歿）
15	涂鵬斐
15	張文憲
15	陳丕欣
15	童仁沖（歿）
15	黃杉楹
15	黃富照
15	劉峰明
16	吳俊松
16	吳柏勳
16	李國成

屆別	姓名
16	張建勳
16	陳長陽
16	陳炳男
16	曾火旺
16	潘俊男
16	盧彥伯
17	王俊宏
17	王俊堯
17	丘昌榮
17	吳祈杰
17	吳爵星
17	呂匡時
17	李紹定
17	李慶鴻
17	武建州
17	洪宏明
17	胡文正
17	徐明偉
17	張家豪
17	莊博帆
17	陳奕宏
17	曾少軒（志賢）
17	黃裕登
17	楊煜堂
17	駱宏吉
18	呂俊雄
18	高建三
18	陳信宏（歿）
18	楊忠誠
18	趙子傑
19	王忠琪
19	杜世傑
19	林柏峰
19	林鴻遠
19	金自在
19	陳俊偉
19	陳威志
19	蕭皓伯
19	謝承勳
19	鍾振華
20	方芳輝
20	王金勇
20	王崇耀
20	李明輝
20	李朋坡

屆別	姓名
20	李政達
20	邱士恭
20	邱進龍
20	郭博承
20	黃士魁
20	楊化龍
20	楊朝行
20	葉益銘
20	蔡清濬（育志）
20	鄭漢禮
21	侯基政
21	高正偉
21	陽一民
21	廖正弘
21	鄭兆行
21	鐘淳閔
22	王志忠
22	沈柏蒼
22	柯建鋒
22	孫富雄
22	孫敬堅
22	郭文居
22	曾漢州
22	曾耀鋒
22	黃義雄
22	楊騏旭
22	鄭昌明
22	盧顯
22	薛英傑
22	顏聰偉
22	羅文祺
23	方偉信
23	朱建勳
23	余文彬
23	余金國
23	李雲龍
23	林正龍
23	柳文龍
23	胡時華
23	涂昌銘
23	連勇宗
23	陳志強
23	黃坤明
23	蔡宗哲
23	賴寬榕

屆別	姓名
24	方乾懿
24	王志榮
24	余賢明
24	杜鴻鈞
24	周宗義
24	周開泰
24	林士欽
24	林文揚
24	邱世傑
24	洪韶笙
24	高國耕
24	張達邦（歿）
24	陳允賓
24	黃嘉明
24	楊川奇
24	劉裕仁
25	朱凱正
25	江吉慶
25	林宏恩
25	林泳瑞
25	林建銘
25	林進發
25	施朝文
25	洪士傑
25	徐世倫
25	高國維
25	張家源
25	莊宏亮
25	陳懷民
25	揚吉平
25	曾意清
25	蔡宗緯
25	藍永吉
25	魏君翰
26	江柏青
26	吳玠男
26	林吉順
26	邱世豪（歿）
26	邱郁達
26	高聖豪
26	郭忠成
26	郭彥顯（歿）
26	郭庭瑋
26	陳呈宗
26	陳明一

屆別	姓名
26	曾家賢
26	楊家宏
26	劉季維
26	蔡獻文
26	戴極昇
26	簡隆至
27	尤建智
27	王志昌
27	王志偉
27	吳政岳
27	姚勝敏
27	施俊暉
27	高崇譽
27	張君毅
27	連榕修
27	陳衍成
27	陳浩儀
27	陳德鋼
27	曾瑋迪
27	曾嘉敏
27	陽耀勳
27	黃崴琦
27	鄭博王
27	蘇郁凱
28	王泓凱
28	王昱博
28	余宗庭
28	利泓崵
28	李佳明
28	李哲宇
28	康哲瑋
28	張柏緯（宗傑）
28	張峻偉
28	許文綺
28	游宗穎
28	黃政琦
28	黃聖超
28	楊鎮獄
28	劉志仁
28	劉哲志
28	鄭錦勳
28	羅啟彰
29	王建勛
29	江奕昌
29	周孟儒

屆別	姓名
29	林志賢
29	林彥峰
29	林瀚
29	耿伯軒
29	張政憲
29	許銘倢
29	郭明偉
29	郭湳德
29	陳韋閔
29	葉力瑋
30	林偉
30	朱元勤
30	吳承達
30	吳御瑋
30	沈岳澤
30	林克謙
30	林盛維
30	許峻銘
30	連一元
30	黃信諺
30	葉柏均
30	鄭乃介
30	盧睿哲
31	王政傑
31	王淦緯
31	王凱毅
31	余嘉華
31	吳佶
31	吳俊彥
31	林俊傑
31	林柏佑
31	張鎧
31	梁宏翔
31	陳宇翔
31	陳柏丞
31	陽政達
31	黃崇銘
31	黃涵裕
31	楊擇偉
31	劉美瑋
31	蔡承恩
31	蔡森夫
31	黎世元
31	蕭品尊
31	賴蔡恩

屆別	姓名
31	羅名弘
32	江子健
32	吳志人
32	宋彥杰
32	沈志偉
32	林振男
32	林瑋恩
32	林鴻志
32	邱俊瑋
32	郭東昇
32	郭修維
32	黃宗龍
32	黃甯
32	蔡奕亘
33	干易哲
33	尹建雄
33	李明華
33	周聖訓
33	林冠翰
33	林智康（歿）
33	凃勝偉
33	洪介澤
33	洪立昇
33	張凱傑
33	曹世昌
33	陳建維
33	陳柏丞
33	陽冠威
33	蔡凱倫
33	蔡聖恩
33	謝茗仁
33	鍾一凱
33	韓宗霖
33	顏嘉騰

附錄二 華興歷屆棒球隊隊員博碩士表

屆別	博士
1	陳智源
2	李宗洲
9	康正男
10	曾慶裕
14	周德賢
20	黃士魁

屆	碩士
1	蔡榮宗
2	林華韋
3	葉志仙
4	郭永宗
6	王清欉
6	謝長亨
6	黃武雄
7	施振義
9	林光宏
10	陳威成

屆	碩士
10	塗永樑
11	黃輝榮
12	邱睿昶（炳煌）
12	黃俊傑
14	李育忠
14	林郁捷
14	何禮宏
14	張協進
15	涂鵬斐
15	黃杉楹
15	王傳家
15	陳丕欣

屆	碩士
16	陳炳男
16	吳柏勳
19	謝承勳
20	楊朝行
20	鄭漢禮
26	江柏青
26	吳玠男
26	邱郁達
28	劉哲志
28	張柏緯
30	葉柏均

附錄三 華興中學畢業校友後成為職業球員表

球員名	起始年度	最初所屬 聯盟	最初所屬 球隊	最終所屬 聯盟	最終所屬 球隊	現／退役	備註
一九七五年畢業							
郭源治	一九八一年	日職	中日隊	中職	和信隊	●	
一九七七年畢業							
李宗源	一九八一年	日職	羅德隊	日職	巨人隊	●	後歸化日本籍改名三宅宗源
凃忠男	一九九〇年	中職	三商隊	中職	俊國隊	●	
一九七八年畢業							
李杜宏	一九九〇年	中職	三商隊	中職	三商隊	●	
一九七九年畢業							
鄭百勝	一九九〇年	中職	統一隊	中職	統一隊	●	

一九八〇年畢業							
黃武雄	一九九〇年	中職	三商隊	中職	三商隊	●	
陳炫琦	一九九〇年	中職	統一隊	中職	兄弟隊	●	
謝長亨	一九九一年	中職	統一隊	中職	統一隊	●	
一九八二年畢業							
陳大豊＊	一九八九年	日職	中日隊	日職	阪神隊	●	
黃煚隆＊	一九九〇年	中職	味全隊	台職	雷公隊	●	
一九八三年畢業							
呂明賜	一九八八年	日職	巨人隊	台職	雷公隊	●	
林光宏	一九九〇年	中職	味全隊	中職	味全隊	●	
曹清來	一九九〇年	中職	三商隊	中職	三商隊	●	曾改名為曹峻瑞 後改名為曹豐洋
陳大順	一九九一年	日職	羅德隊	中職	味全隊	●	
一九八四年畢業							
塗永樑＊	一九九〇年	中職	三商隊	中職	三商隊	●	
黃世明＊	一九九〇年	中職	三商隊	台職	太陽隊	●	

廖俊銘＊	一九九三年	中職	俊國隊	台職	金剛隊	●	後改名為廖剛池
陳威成	一九九三年	中職	俊國隊	中職	興農隊	●	
一九八五年畢業							
蔡明宏	一九九三年	中職	時報隊	中職	時報隊	●	
張正憲	一九九三年	中職	時報隊	中職	時報隊	●	
戴漢昭	一九九七年	台職	太陽隊	台職	太陽隊	●	
黃輝榮	一九九七年	台職	雷公隊	台職	雷公隊	●	
蕭文銘	一九九七年	台職	勇士隊	台職	太陽隊	●	
江怡德	一九九八年	中職	三商隊	中職	三商隊	●	
胡長豪	一九九七年	中職	和信隊	中職	興農隊	●	
陳南星	一九九七年	台職	金剛隊	台職	金剛隊	●	後改名為陳泓銓
一九八六年畢業							
童健勝	一九九〇年	中職	統一隊	中職	統一隊	●	
黃俊傑	一九九三年	中職	時報隊	中職	時報隊	●	
吳哲宗	一九九三年	中職	俊國隊	台職	金剛隊	●	
李文豪	一九九七年	中職	和信隊	台職	太陽隊	●	後改名為李逸楠

鄭榮欽	一九九七年	台職	太陽隊	台聯	金剛	●	後改名為鄭榮棟
一九八七年畢業							
吳林煉＊	一九九〇年	中職	統一隊	中職	統一隊	●	
林光中	一九九四年	中職	味全隊	中職	統一隊	●	
董永興＊	一九九五年	中職	兄弟隊	中職	兄弟隊	●	
邱炳煌＊	一九九七年	台職	勇士隊	台職	勇士隊	●	後改名為邱睿祀
陳長陽★	一九九三年	中職	三商隊	中職	味全隊	●	曾改名為陳俊智
陳炳男★	一九九七年	中職	味全隊	中職	興農隊	●	
一九八八年畢業							
林朝煌	一九九三年	中職	俊國隊	中職	中信隊	●	
白昆弘	一九九三年	中職	俊國隊	中職	時報隊	●	
張協進	一九九五年	中職	俊國隊	中職	兄弟隊	●	
周德賢	一九九五年	中職	三商隊	中職	三商隊	●	
林裕翔	一九九七年	台職	雷公隊	台職	雷公隊	●	
林振瑞	一九九七年	台職	雷公隊	台職	雷公隊	●	後改名為林郁捷
莊銘傳★	一九九七年	台職	太陽隊	台聯	太陽	●	

一九八九年畢業							
王傳家	一九九三年	中職	俊國隊	中職	暴龍隊	●	
黃杉楹	一九九四年	中職	俊國隊	中職	興農隊	●	
涂鵬斐	一九九七年	台職	勇士隊	台職	勇士隊	●	
張文憲	一九九七年	台職	勇士隊	台職	勇士隊	●	
劉明吉★	一九九七年	中職	和信隊	中職	時報隊	●	
一九九〇年畢業							
張建勳	一九九四年	中職	俊國隊	中職	三商隊	●	
李國成	一九九七年	台職	金剛隊	台職	金剛隊	●	
吳富銘	一九九八年	中職	兄弟隊	中職	兄弟隊	●	後改名為吳柏勳
一九九一年畢業							
黃裕登	一九九四年	中職	時報隊	中職	時報隊	●	
張家豪	一九九六年	中職	興農隊	中職	興農隊	●	
丘昌榮	一九九七年	台職	金剛隊	中職	誠泰隊	●	
武建州	一九九七年	中職	味全隊	中職	興農隊	●	
楊煜堂*	一九九七年	中職	和信隊	中職	兄弟隊	●	

洪宏明	一九九七年	台職	金剛隊	台職	金剛隊	●	
李慶鴻*	一九九七年	台職	勇士隊	台職	金剛隊	●	
一九九二年畢業							
趙子傑	一九九七年	中職	時報隊	中職	時報隊	●	
高建三	一九九八年	中職	和信隊	中職	統一隊	●	
呂俊雄	一九九八年	台職	雷公隊	中職	中信隊	●	
一九九三年畢業							
林鴻遠	一九九七年	中職	和信隊	中職	暴龍隊	●	
謝富貴	一九九九年	中職	和信隊	中職	中信隊	●	後改名為謝承勳
一九九四年畢業							
李朋坡	一九九八年	台職	雷公隊	台職	勇士隊	●	
高正偉	一九九八年	中職	統一隊	台職	太陽隊	●	
王崇耀	一九九八年	中職	兄弟隊	中職	兄弟隊	●	
陳威志	一九九九年	中職	和信隊	中職	興農隊	●	
郭子偉	二〇〇〇年	中職	和信隊	中職	中信隊	●	後改名為郭博承
王金勇	二〇〇〇年	中職	兄弟隊	中職	兄弟隊	●	

鄭漢禮	二〇〇一年	中職	兄弟隊	中職	兄弟隊	●	
一九九五年畢業							
鄭兆岳	二〇〇〇年	中職	興農隊	中職	義大隊	●	後改名為鄭兆行
陽一民	二〇〇一年	台職	太陽隊	台職	太陽隊	●	
一九九六年畢業							
柯建鋒	一九九九年	中職	統一隊	中職	誠泰隊	●	
鄭昌明	二〇〇一年	中職	和信隊	中職	中信隊	●	
曾漢州	二〇〇二年	中職	中信隊	中職	中信隊	●	
沈柏蒼	二〇〇二年	中職	統一隊	中職	統一隊	●	
郭文居	二〇〇二年	台職	勇士隊	中職	統一隊	●	
楊進雄	二〇〇三年	中職	興農隊	中職	中信隊	●	後改名為楊麒旭
王志忠	二〇〇三年	中職	統一隊	中職	La New 隊	●	
一九九七年畢業							
余文彬	二〇〇二年	日職	歐力士隊	中職	興農隊	●	
一九九八年畢業							
林士欽	二〇〇五年	中職	La New 隊	中職	La New 隊	●	

余賢明	二〇〇五年	中職	興農隊	中職	義大隊	●	
王志榮	二〇〇六年	中職	La New 隊	中職	La New 隊	●	
周宗義	二〇〇六年	中職	La New 隊	中職	La New 隊	●	
一九九九年畢業							
張家源	二〇〇五年	中職	統一隊	中職	中信隊	●	
莊宏亮	二〇〇五年	中職	兄弟隊	中職	兄弟隊	●	後改名為莊侑霖
二〇〇〇年畢業							
江柏青	二〇〇六年	中職	統一隊	中職	暴龍隊	●	
曾家賢＊	二〇〇六年	中職	中信隊	中職	中信隊	●	
張政憲★	二〇〇九年	四國	香川隊	中職	興農隊	●	
二〇〇一年畢業							
陽耀勳＊	二〇〇五年	日職	軟銀隊	中職	桃猿隊	○	
曾嘉敏	二〇〇八年	中職	兄弟隊	中職	兄弟隊	●	後改名為曾治翰
吳承達★	二〇〇九年	關西	紀州隊	關西	紀州隊	●	
林克謙★	二〇〇九年	中職	興農隊	中職	富邦隊	○	
林 偉★	二〇一〇年	中職	統一隊	中職	統一隊	●	

朱元勤★	二〇一一年	中職	統一隊	中職	統一隊	○	
二〇〇二年畢業							
康哲瑋	二〇〇八年	中職	中信隊	中職	中信隊	●	
黃政琦	二〇〇八年	中職	中信隊	中職	中信隊	●	
二〇〇三年畢業							
耿伯軒	二〇〇五年	美職	藍鳥隊	中職	兄弟隊	●	
林彥峰	二〇〇六年	美職	費城人隊	中職	桃猿隊	●	
許銘倢	二〇〇九年	中職	La New 隊	中職	桃猿隊	●	
王泯皓	二〇〇九年	中職	興農隊	中職	兄弟隊	●	後改名為王建勛
二〇〇五年畢業							
林柏佑	二〇〇七年	美職	白襪隊	中職	桃猿隊	○	
陳柏丞	二〇一〇年	中職	興農隊	中職	義大隊	●	
蔡森夫	二〇一一年	日職	羅德隊	中職	義大隊	●	
張　鎧	二〇一二年	中職	義大隊	中職	富邦隊	●	曾改名為張定揚 後改名為張湇虎

二〇〇六年畢業							
郭修維＊	二〇一一年	中職	桃猿隊	中職	桃猿隊	○	後改名為郭永維
邱俊瑋	二〇一二年	中職	兄弟隊	中職	兄弟隊	◯	後改名為邱品睿
江子健	二〇一二年	中職	興農隊	中職	義大隊	●	
二〇〇七年畢業							
陽冠威＊	二〇一三年	中職	義大隊	中職	富邦隊	●	後改名為陽忠辰
周聖訓＊	二〇一四年	中職	兄弟隊	中職	兄弟隊	●	

說明：郭李建夫、何紀賢、楊啟鑫、李杜軒、曾冠儒等五人唸過國中部，後來轉學；胡長豪、陳泓銓、林瑋恩、張政憲等四人讀過高中部，後來轉校。

陳大豐等十五人（灰色＊）高中部畢業，非國中部畢業生。

胡長豪等十一人（淺灰色★）國中部畢業，非高中部畢業生。

圖表整理／黃國洲

時報悅讀

華興棒球50年：棒球人的珍貴故事

作　者—華興棒球校友會
照片提供—華興棒球校友會
責任編輯—謝翠鈺
行銷企劃—江季勳
美術編輯—李宜芝
封面設計—陳文德

董事長—趙政岷
出版者—時報文化出版企業股份有限公司
一〇八〇三台北市和平西路三段二四〇號七樓
發行專線—（〇二）二三〇六六八四二
讀者服務專線—〇八〇〇二三一七〇五・（〇二）二三〇四七一〇三
讀者服務傳真—（〇二）二三〇四六八五八
郵撥—一九三四四七二四時報文化出版公司
信箱—一〇八九九　臺北華江橋郵局第九九信箱
時報悅讀網—http://www.readingtimes.com.tw
法律顧問—理律法律事務所　陳長文律師、李念祖律師
印　刷—盈昌印刷有限公司
初版一刷—二〇一九年十二月二十七日
定　價—新台幣三二〇元
缺頁或破損的書，請寄回更換

時報文化出版公司成立於一九七五年，
並於一九九九年股票上櫃公開發行，於二〇〇八年脫離中時集團非屬旺中，
以「尊重智慧與創意的文化事業」爲信念。

華興棒球 50 年 : 棒球人的珍貴故事 / 華興棒球校友會作 . -- 初版 . -- 臺北市 : 時報文化 , 2019.12
面 ;　公分 . -- (時報悅讀 ; 31)

ISBN 978-957-13-5690-7(平裝)

1. 棒球 2. 歷史 3. 臺灣

528.9550933　　108021509

ISBN 978-957-13-5690-7
Printed in Taiwan